Écloe de M.O.C.A
Classic Sauce

Special recipe from a professional chef.

최수근
장병동
송용욱
최동국
신경은

공저

형설
미래교육원

머리말

프랑스 속담에 "소스 맛에 생선 먹는다."라는 말이 있다. 나쁜 상태의 생선을 소스로 덮어 먹는다는 뜻이 아니라 소스는 요리의 4가지 구성요소 중 하나라는 중요성을 강조한 말로써 프랑스에서는 예로부터 요리에서 소스를 굉장히 중요하게 생각한다는 것을 알 수 있다. 나는 프랑스에 요리 유학을 다녀온 후, 우리나라의 요리가 발전하려면 요리를 연구하는 단체가 필요하다고 생각하여 에스코피에 요리 연구소를 만들었다. 이 단체를 통해서 좋은 인재들에게 바람직한 조리인의 길에 대한 가이드가 되고자 많은 일을 함께 기획하고 진행해왔다.

30년 전에 출판한 '소스의 이론과 실제' 서문에 맛의 세계에 질서와 조화의 미를 추구하면서 미각에 역점을 두어 맛을 창조하는 진정한 지휘자는 곧 요리사들이라고 표현을 한 적이 있다. 소스 전문가 또한 새로운 맛의 창조자이자 음식 맛의 지휘자라고 생각한다.

요리는 전통, 유행, 주관이 기본이 되어야 한다. 요리사가 성실하게 기본을 배워나가 결국에는 기본을 토대로 풍부한 상상력과 응용력을 지닌 전문가로 탄생된다.

좋은 소스를 만들려면 신선한 양질의 재료도 중요하지만 미각에 대한 감각과 자신감은 물론 정성이 들어가야 하기 때문에 주방에서 소스 업무를 담당하려면 많은 경험이 요구된다. 이러한 면에서 후배들에게 도움이 되고자 많은 소스 관련 책도 썼고 다양한 행사를 하며 소스의 비밀을 공개하고 조리 기본에 대한 강의를 평생 해왔다.

필자는 학교를 정년 퇴임하고 한국 조리 박물관장이 되었다. 조리박물관은 앞으로 200만 조리인들에게 새로운 역사관을 설립하는 계기가 되어 조리인들 가슴에 자긍심을 심어줄 수 있는 장소로 탄생되길 바라는 (주)HK 이향천 대표이사님의 의지로 만들어졌다. 이곳에서 나는 새로운 도전을 하며 KBS 평생 교육원과 함께 온라인 교육 프로그램을 만들었다. 학교명은 에꼴 드 모카(Ecole de M.O.C.A)이다. 여기서 강의하는 소스 전문가 과정을 개설하면서 클래식 소스를 집필하게 되었다.

클래식 소스는 프랑스에서 1953년에 발행된 LES SAUCES Recettes et Conseils

Pratiques(COMPAGNIE PARISIENNE D'EDITIONS TECHNIQUES COMMERCIALES, PARIS, FRANCE.)에 있는 모체 소스를 인용했음을 밝힌다. 부록에는 NCS 기반 교육과정 구성을 참고하였고 실습 내용은 현장에서 필요로 하는 레시피를 수록하였다.

그동안 많은 제자들이 소스 연구에 참여해주었다. 그 중에서 특별히 소스에 대한 이야기를 자주 나눈 몇 사람과 함께 이 책을 쓰게 되었다. 그동안 나와 함께 소스 연구에 동참했던 수원과학대학 최동국 교수와 소코캄 고야 호텔에서 근무하는 송용욱 쉐프는 소소의 트랜드를, 프레이저 플레이스 센트럴 호텔 조리부장 장병동 쉐프는 소스의 비밀을, 서영대학에서 학생들을 가르치며 소스 연구를 하는 신경은 교수는 책의 모든 내용을 총정리했다. 소스에 얽힌 이야기와 부록은 최수근이 집필하였다.

이 책이 나오기까지 도움을 준 사람들에게 고마움을 전합니다. E.C.A. 조우현 이사장님과 고승정, 김용수와 경희대학교에서 함께 소스 연구를 도와준 박기홍, 김기쁨, 추미선, 송은주, 조은영, 박세련 그리고 나의 학업에 많은 도움을 주고 이 책을 마지막까지 교정을 봐준 시인 최복현에게 크게 감사하다고 이야기하고 싶습니다. 형설출판사 장지익 회장님과 (주)HK 장재규 전무님과 김병원 이사님, 마케팅부 최지현 부장님, 이명희 차장님, 최성진님, 한국 조리 박물관 이상현 기획과장님, 배정민 학예사, 이동빈 연구원에게도 진심으로 감사하다는 말을 전하고 싶습니다.

끝으로 이 책을 쓰는 데 많은 도움을 주신 (주)HK 이향천 대표이사님께 진심으로 감사드립니다. 항상 저의 건강을 염려해주시고 소스 연구에 도움을 주시고자 M.O.C.A. 소스 연구소를 만들어주시는 것에 대하여 이 자리를 빌려 깊은 고마움을 전하고 싶습니다.

2021. 8. 15. 대표저자 최수근

CONTENTS

머리말 ⋯ 02

육수 ⋯ 06
1. 육수 개요 ⋯ 07
2. 육수 트렌드 ⋯ 08
3. 육수의 비밀 ⋯ 11
4. 클래식 육수 ⋯ 18
5. 육수에 얽힌 이야기 ⋯ 24
6. 육수 연구 ⋯ 27

갈색 육수 베이스 소스 ⋯ 30
1. 브라운 소스 개요 ⋯ 31
2. 브라운 소스 트렌드 ⋯ 33
3. 브라운 소스의 비밀 ⋯ 37
4. 클래식 브라운 소스 ⋯ 38
5. 파생 브라운 소스 ⋯ 41
6. 브라운 소스에 얽힌 이야기 ⋯ 50

루를 넣은 육수 베이스 소스 ⋯ 56
1. 벨루테 소스 개요 ⋯ 57
2. 벨루테 소스 트렌드 ⋯ 59
3. 벨루테 소스의 비밀 ⋯ 61
4. 클래식 벨루테 소스 ⋯ 62
5. 파생 벨루테 소스 ⋯ 67
6. 벨루테 소스에 얽힌 이야기 ⋯ 73

우유 베이스 소스 ⋯ 82
1. 베샤멜 소스 개요 ⋯ 83
2. 베샤멜 소스 트렌드 ⋯ 84
3. 베샤멜 소스의 비밀 ⋯ 86
4. 클래식 베샤멜 소스 ⋯ 88
5. 파생 베샤멜 소스 ⋯ 90
6. 베샤멜 소스에 얽힌 이야기 ⋯ 94

토마토 베이스 소스 ⋯ 98
1. 토마토 소스 개요 ⋯ 99
2. 토마토 소스 트렌드 ⋯ 100
3. 토마토 소스의 비밀 ⋯ 102
4. 클래식 토마토 소스 ⋯ 104
5. 파생 토마토 소스 ⋯ 108
6. 토마토 소스에 얽힌 이야기 ⋯ 112

식초 베이스 소스 ⋯ 120
1. 식초(프렌치 드레싱) 소스 개요 ⋯ 121
2. 식초(프렌치 드레싱) 소스 트렌드 ⋯ 122
3. 식초(프렌치 드레싱) 소스의 비밀 ⋯ 125
4. 클래식 식초(프렌치 드레싱) 소스 ⋯ 127
5. 파생 식초(프렌치 드레싱) 소스 ⋯ 128
6. 식초(프렌치 드레싱) 소스에 얽힌 이야기 ⋯ 135

달걀 노른자와 오일 베이스 소스 ··· 142

1. 마요네즈 소스 개요 ··· 143
2. 마요네즈 소스 트렌드 ··· 144
3. 마요네즈 소스의 비밀 ··· 146
4. 클래식 마요네즈 소스 ··· 149
5. 파생 마요네즈 소스 ··· 151
6. 마요네즈 소스에 얽힌 이야기 ··· 157

버터 베이스 소스 ··· 162

1. 버터 소스 개요 ··· 163
2. 버터 소스 트렌드 ··· 164
3. 버터 소스의 비밀 ··· 167
4. 클래식 버터 소스 ··· 169
5. 파생 버터 소스 ··· 174
6. 버터 소스에 얽힌 이야기 ··· 180

설탕 베이스 소스 ··· 184

1. 바닐라 소스 개요 ··· 185
2. 바닐라 소스 트렌드 ··· 186
3. 바닐라 소스의 비밀 ··· 188
4. 클래식 바닐라 소스 ··· 190
5. 바닐라 소스에 얽힌 이야기 ··· 192

부록 ··· 198

MOCA와 함께하는 Master Chef 과정
- 양식 소스 과정

저자 소개 ··· 262

STOCK

육수

01. 육수 개요
02. 육수 트렌드
03. 육수의 비밀
04. 클래식 육수
05. 육수에 얽힌 이야기
06. 육수 연구

01 육수 개요 Overview of Stock

주방에서는 뼈를 넣어 만들면 스톡(Stock)이라고 하고 뼈 없는 것은 부이용(Bouillon)이라고 한다. 색으로 구분할 때는 흰색과 갈색으로 나눈다. 육수는 원래 네발 달린 짐승의 국물을 말한다. 하지만 외국에서는 생선, 닭의 국물을 모두 stock(영) 또는 fond(불)로 쓰고 있다. 요즘은 우리나라도 모든 육수 국물을 육수라는 단어로 사용하고 있다. 결론적으로 육수는 주재료에 향미 채소, 향신료, 물을 넣고 끓여 만든 것이 육수이다.

맛있는 맛을 내기 위해서 제조 시 찬물부터 끓인다. 갈색 육수는 보통 7~8시간 끓여야 뼈에서 많은 맛이 용출된다. 그리고 주재료를 오븐에 구워서 사용하면 훈연 냄새가 나고 잡내를 없애는데 도움이 된다.

육수 연구를 살펴보면 토마토, 소금을 첨가하면 우수한 육수가 만들어진다는 연구 논문이 있다. 소고기의 경우는 질긴 부위를 사용한다. 나머지는 살과 고기를 적당히 넣어야 맛이 난다. 생선의 경우는 30분 이내로 하는 것이 바람직하다.

육수 제조 시 주의사항은 주재료 4배 정도의 물을 넣는 것이 좋다. 채소는 처음부터 넣지 말고 마무리 한 시간 선에 넣는 것이 좋다. 거품은 뚜껑 역할을 하므로 항상 제거하는 것이 좋다. 육수는 모든 요리의 기초가 되므로 중요하다. 양질의 기본 육수가 있어야 파생 소스의 맛이 좋아진다. 그래서 육수가 중요하다.

02 육수 트랜드 Stock Trend

　육수는 소스를 만드는 가장 기본이기도 하면서 정말 다양하게 요리에 사용되기 때문에 쓰임새에 따라 만들어지는 육수의 종류는 매우 다양하다.

　일반적으로 브라운 스톡, 화이트 스톡, 부이용, 브로스, 치킨스톡, 피시스톡, 베지터블 스톡 등 색이나 재료에 따라 분류가 되는데 부르는 명칭도 많아 약간 혼용되어 사용하는 경우가 있다. 스톡과 부이용, 브로스, 퓨메(Fumet), 퐁(Fond) 등 명칭이 어떤 차이가 있는지 간략하게 정리를 하였다.

- ▶ 스톡(Stock)은 영어 명칭이고, 퐁(Fond)은 프랑스어 명칭으로 둘 다 뼈를 주재료로 끓인 육수를 말한다(채소 육수 제외).
- ▶ 육수를 끓인 후 재료는 걸러 버리고 국물만 사용한다.
- ▶ 송아지, 소, 양, 오리, 닭 등의 뼈를 사용하며 구워서 색을 내 만들기도 하지만 색을 내지 않고 만들기도 한다.
- ▶ 맛이 진하고 깊은 육수를 만들 수 있다.

- ▶ 브로스(Broth)는 영어 명칭이고 부이용(Bouillon) 프랑스어 명칭으로 둘 다 살코기를 주재료로 끓인 육수를 말한다(채소 육수 제외).
- ▶ 주로 닭고기, 송아지 고기를 사용하며 국물을 낸 살코기는 버리지 않고 육수와 같이 사용한다(쉬운 예로 양지머리로 육수를 내고 익힌 고기를 잘라 고명으로 사용하는 것을 생각하면 된다).

- 구워서 색을 내지 않으며 뼈로 끓인 것보다 맛이 부드러운 육수를 얻을 수 있다.

- 퓨메(Fumet)는 프랑스어 명칭으로 짧은 시간만 우려내 만드는 생선(Fumet de Poisson)과 버섯(Fumet de Champignon) 등의 육수를 이르는 말이다.
- 재료를 끓여 맛을 우려내는 시간이 1시간 이내로 끝난다.
- 영어로는 피시 스톡(Fish Stock), 머슈룸 스톡(Mushroom Stock)으로 부르며 따로 구분하지 않는다.

추가로 프랑스어 명칭이지만 영어권에서도 공통적으로 사용되는

- 꾸르 부이용(Court Bouillon)은 해산물이나 생선을 익히기 위한 육수로, 잘게 자른 향미 채소와 허브, 향신료, 화이트 와인, 레몬, 식초 등을 물에 넣고 재빨리 끓여 해산물이나 생선을 익히는데 사용한다.
- 해산물을 익힐 경우에는 끓는 꾸르부이용에 넣어 익히지만 생선을 익힐 경우에는 반드시 식은 꾸르부이용에 생선을 넣고 천천히 온도를 올려야 부드럽게 익은 생선의 식감을 얻을 수 있다(뜨거운 꾸르부이용에 생선을 넣으면 생선살이 급속히 수축되어 단단하게 익으면서 모양도 비틀어진다).
- 꾸르부이용은 사용 후 걸러 소스 등에 사용을 하기도 한다.
- 익히는 식재료에 따라 우유나 와인 등 재료의 조합이 달라진다.

이런 다양한 종류의 육수가 최근에는 그 사용법에 따라 더 다양하게 만들어져 사용되고 있다. 셰프들이 더 세밀하고 정교한 요리를 개발하고 만들면서 사용하는 육수나 소스도 매우 섬세하고 다양하게 만들어 사용하기 때문이다. 각각의 셰프들마다 사용하는 재료의 비율, 첨가물, 끓이는 시간 등 모두 다르기 때문에 육수야말로 셰프들이 음식을 만드는데 가장 중요하고 특징적인 요소라고 할 수 있다.

섬세한 요리를 제공하는 파인 다이닝 레스토랑에서는 매우 다양한 육수를 만들어 사용한다.

갑각류 육수만 해도 바닷가재, 민물가재, 랑구스틴 육수를 각각 만들어 사용하며 치킨스톡도 파스타나 크림소스에 사용할 것인지, 젤라틴을 넣어 차가운 전채에 사용할 것인지, 푸아그라 등 다른 재료를 익힐 때 사용할 것인지, 졸여서 맛을 농축하여 소스로 사용할 것인지에 따라 다른 방법으로 육수를 만들어 사용하기도 한다.

생선뼈를 색이 나도록 구워 레드와인을 넣고 진한 맛의 브라운 스톡을 만들어 사용하고, 청둥오리 등 야생 가금류나 사슴 뼈 등으로 육수를 만들기도 하는 등 다양한 식재료와 조리기법이 사용되는 만큼 육수도 더 세분화되어 사용되고 있다.

호텔 연회나 뷔페에서는 보통 1-2종류의 육수를 대량으로 만들어 사용하는데 가장 많이 사용하는 것이 치킨 스톡과 베지터블 스톡(Vegetable Stock)이다. 이 육수들은 용도가 다양하고 다른 식재료와 사용해도 조화가 잘 이루어지는 것들로 스프와 소스를 만드는데 사용하며 필요에 따라 조개나 해산물 스톡을 섞어 사용하기도 한다.

육수는 변질이 되기 쉽고 대량으로 만들 경우 부피가 늘어나 저장에 어려움이 있어 저장 공간이 적거나 육수를 상시 사용하지 않는 곳은 소량의 육수에 물과 육수용으로 시판되는 제품들을 섞어 사용하기도 한다. 이 제품들은 가루, 고체, 액상 등 다양한 제품들이 있는데 아시아권 식품회사의 제품들은 대부분 조미료가 섞여있어 본래 육수의 맛과 다른 경우가 많다. 유럽이나 미국에서 만들어진 제품들은 허브향이 강한 것들이 있으니 반드시 미리 소량을 준비해 맛을 보고 조절하여 사용해야 한다.

해산물을 익히고 조리할 경우 꾸르부이용을 많이 사용하는데 꾸르부이용에 익힌 해산물은 잡냄새가 없어지고 향긋한 산미가 해산물의 단맛과 어우러져 해산물 요리의 풍미를 좋게 해주기 때문이다.

꾸르부이용을 비롯한 다른 스톡들에 사용하는 채소는 보통 다른 용도로 사용하고 남은 양파와 당근 등의 자투리 부분을 모아 사용하는데 이 재료들은 조리 시 많이 나오는 것들이라 육수도 만들고 자투리 재료도 사용하는 효과도 있다.

- 송용욱 셰프-

03 육수의 비밀 *The Secret of Stock*

잘 만들어진 육수는 어떤 육수일까?

수없이 자신에게 질문을 하면서 오랜 시간 육수를 만들면서 요리를 했다. 어느 순간부터 찾아낸 답은 적어도 서양요리를 위한 잘 만들어진 육수는 "맑고 주재료의 향이 잘 어우러진 맛있는 육수다". 이 "맑고 맛있는 육수" 만들기가 생각처럼 쉽지 않다. 왜냐하면, '어떤 재료들로 만드느냐'보다 '얼마나 정확한 과정을 거쳐서 논리적으로 만드는가'와 만들고 난 후 '어떻게 거르고 보관하느냐'까지를 명확히 이해하고 만들어야하기 때문이다.

서양요리에 사용하는 닭 육수는 한식의 닭곰탕 국물같이 장시간 끓여서 점성이 생길 정도의 끈적끈적한 진국이 되면 안 된다. 서양요리의 각종 스프와 소스를 만들 때 적당한 닭고기의 맛과 육향이 잘 배어든 맑은 닭 육수가 필요한 것이다.

특히 닭 육수는 맑고 감칠맛이 좋아서 다른 생선이나 육류의 육수보다 훨씬 더 광범위하게 많이 사용된다.

그러면 맑고 맛있는 닭 육수를 만드는 예를 들어보겠다. 우선 닭 육수를 끓이기 위해 주방에서 닭을 손질하고 남은 몸통뼈와 목뼈, 날개 등을 사용해서 끓이는 것이 당연하겠으나 보통 레스토랑 주방에서 사용하는 닭 육수의 양에 비해 육수를 끓일 닭 부산물들의 양이 많이 부족하다.

그래서 레스토랑에서는 닭뼈만을 주문해서 육수를 만든다. 닭뼈 1Kg은 2천 원을 넘지 않는다. 닭뼈는 흐르는 물에 깨끗하게 헹궈준 뒤 찬물을 뼈가 잠길 정도로 담아 센 불에 올려 끓어오르면 물을 버리고 닭뼈를 다시 헹군 뒤 깨끗한 육수 냄비에 다시 담고 찬물을 뼈 높이보다 한 뼘 높이 정도 더 담아서 센 불에 올려서 끓인다. 끓으면 불을 약하게 하고 거품을 잘 제거한 뒤에 준비해둔 향채(양파, 대파, 통마늘, 셀러리, 부케가르니), 향신료(정향, 통후추 등)와 소량의 소금을 넣고 2시간 정도 끓인다.

이 때 향채로 당근은 넣지 않는다(향채로서의 큰 역할이 없고 육수의 색만 붉게 만들기 때문이다). 또 육수는 절대 펄펄 끓으면 안 된다. 아주 미세하게 끓어오르는 정도로 불 조정을 해서 그 향을 센 수증기와 함께 잃어버리지 않게 주의해야한다.

적정 시간 끓여서 맛있는 육수가 만들어지면 바로 거르지 말고 10분에서 15분정도 불을 끄고 기다렸다가 육수 냄비 안의 내용물들이 차분하게 가라앉으면 그 때 고운체에 육수의 윗부분부터 천천히 걸러서 담는다.

이렇게 하면 바로 맑고 맛있는 육수를 완성하게 되는 것이고 빠르게 급랭해서 냉장 또는 냉동 보관해서 필요한 양만큼 꺼내서 용도에 맞게 사용하면 된다.

- 장병동 셰프-

생선 육수 만들기의 비밀

생선 육수는 국내 레스토랑에서 주로 두 가지의 용도로 분류해서 사용하는데 첫 번째는 생선이나 해산물 스프를 끓이기 위함과 생선 요리의 소스를 만들기 위한 용도이고, 두 번째는 생선과 해산물이 들어간 파스타를 만들기 위한 용도라고 보면 되겠다.

여기에서는 첫 번째의 경우에 해당하는 용도의 생선 육수를 이야기하겠다. 맑고 맛있는 생선 육수를 만들기 위해서 우선 신선한 흰 살 생선뼈를 구해야 한다.

활어 회를 즐기는 우리나라의 특성상 수산 시장이나 수산물 업체에서 생선뼈는 어렵지 않게 구할 수 있다.

생선 육수를 만들 때 들어가면 쓴 맛을 내는 눈알과 아가미는 꼭 제거한 뒤에 신선한 흰 살 생선뼈를 작은 토막으로 잘라서 얼음물에 담가서 충분히 핏물을 제거하여 준비한다. 냄비에 채 썬 양파와 셀러리를 소량의 버터와 가열해서 향을 내고 부드럽게 볶아준 뒤 핏물을 제거한 생선뼈를 넣고 수분이 증발할 때까지 함께 볶는다. 화이트 와인을 넣고 끓여서 졸아들면 찬 물을 생선뼈가 충분히 잠길 정도로 붓고 끓어오르면서 생기는 거품을 제거한 뒤 부케가르니(파슬리 줄기, 월계수 잎, 후레쉬 타임을 대파 파란 부분으로 감싸 실로 묶은 것)와 통후추를 넣고 약한 불로 약 30분 정도 끓인다. 이때 양송이버섯 자투리를 넣어주면 더 좋은 맛을 만드는데 도움이 된다. 40분 이상 장시간 끓이면 쓴 맛이 나기 때문에 너무 오래 끓이지 않아야 한다.

생선 육수는 일반적으로 닭 육수보다 탁하기 때문에 거를 때에 보통 불을 끄고 일정 시간이 지난 뒤에 천천히 윗부분부터 고운체에 걸러서 담은 뒤 빨리 식혀서 저장하고 사용한다. 이렇게 완성된 생선 육수는 졸여서 맛을 농축시킨 뒤 조개 육수와 섞어 벨루테 상태로 만들어 크림 스프로 만들기도 하고 다양한 생선 요리의 소스를 만들기 위한 기본 육수로 사용되어 그 소스의 풍미를 더하는 역할을 한다.

서양 요리에서 특수한 생선 육수의 예를 들어보면 홍어(가오리) 날개, 장어, 연어 요리의 소스로 생선뼈를 오븐에 구운 뒤 향채를 넣고 화이트 와인 대신 레드 와인을 사용하여 더 산미가 나고 걸쭉하게 만들어 스튜 요리를 위한 육수를 만들어 사용하기도 한다.

- 장병동 셰프-

육수

소고기 육수 만들기의 비밀

우선 소고기 육수는 두 종류로 나누어서 각각 이야기해 보겠다.
1. 살코기(양지 살, 사태 살, 홍두깨 살 등)로 만드는 육수
2. 구운 뼈로 만든 갈색 육수(Fond de veau:퐁드보)

살코기로 만드는 육수

소위 비프 스톡(Beef stock, 프랑스어: Bouillon de boeuf)은 맑은 고기 스프를 만들기 위한 육수나 포토푀(Pot au feu) 또는 마흐미트(Marmite)라고 불리는 종류의 요리를 만들기 위해 끓여서 사용하는 육수라고 보면 좋겠다.

이 육수는 또한 프랑스식 양파 스프를 만들 때 가장 적합하다. 예전에는 정제해서 소위 콘소메(Consommé) 육수로 만들어서 맑은 스프와 양파 스프를 만들었는데 최근에는 기름기를 잘 제거하고 걸러서 정제하지 않고 사용하는 경우도 흔하다.

큰 육수 통에 덩어리 고기를 넣고 찬물을 고기가 잠길 정도로 붓고 센 불에 올려 끓으면 거품을 걷고 다시 찬물을 넉넉히 추가해서 붓는다. 물이 끓기 시작하면 아주 약한 불로 조절하여 큼지막하게 자른 향채(구운 당근, 셀러리, 정향을 꽂은 양파, 대파, 토마토, 통마늘, 부케가르니 등)를 넣고 추가로 구운 양파(가로로 반을 잘라서 넓은 면을 새까맣게 구워 색을 내서 사용)를 육수에 넣고 4시간가량 표면의 기름을 잘 제거해주면서 끓인다. 이렇게 잘 끓여진 육수 안의 부드럽게 익은 고기 덩어리와 채소는 건져서 포토푀(Pot au feu) 요리를 만드는데 사용하고 육수는 소창을 올린 고운체에 맑게 걸러서 각종 스프와 소스를 만드는데 사용한다.

이 육수를 자주 만들다보면 특히 육수의 맛과 향에서 정향의 역할을 많이 느끼게 되는데 3~4알의 정향이 들어간 맑은 소고기 육수를 먹으면 몸이 따뜻해지고 에너지가 생기는 것을 느끼게 된다.

구운 뼈로 만든 갈색 육수(Fond de veau:퐁드보)

　서양 요리에서 워낙 중요하고 많이 사용하는 육수이기 때문에 국내에서도 만드는 방법에 대해 다양한 의견들이 혼재하는 육수라고 생각한다. 개인적으로 이 갈색 육수 역시 어떤 재료를 사용해서 만드느냐 보다는 어떻게 끓이느냐가 중요하다고 본다.
　오래전 국내 대형 호텔에서 10년 넘게 근무한 후배를 채용하기 위해 면접을 보는 자리에서 갈색 육수 만드는 법을 설명하라고 했더니 처음으로 하는 말이 "뼈를 오븐에 잘 태워서…"였다. 짧지 않은 시간 프로로서 요리를 했지만 본인이 하는 일에 대해 깊은 생각 없이 본인이 맛을 만드는 일을 한다는 것을 가볍게 여겼기 때문에 이런 모순된 대답을 했으리라 생각한다.
　절대로 뼈를 태워서는 안 된다. 태운 뼈로 육수를 만들면 쓴맛 때문에 먹을 수가 없다. 이 쓴맛 나는 육수를 농축시키고 와인을 넣고 후추를 넣고 크림을 넣어도 탄맛은 감출 수가 없는 것이다.
　갈색 육수를 만들 때 개인적으로 사골, 잡뼈 등과 함께 돼지 앞발(미니 족)을 4~5등분해서 같이 오븐에 갈색이 나게 잘 구워서 사용한다. 뼈가 고르게 색이 나면 오븐에서 꺼내기 10분 전에 뼈 위에 중력 밀가루(루 대신 사용)를 고루 뿌려주고 밀가루도 색이 날 정도로 구워준다. 이렇게 잘 구워진 뼈를 오븐에서 꺼내서 토마토 페이스트와 볶아서 부드러워진 향채와 같이 육수 통에 담고 찬 물을 부어 끓으면 거품을 걷고 불을 약하게 해서 2~3일 정도 물을 보충해주며 끓인다. 이때 뼈와 같이 넣은 미니 족이 완전히 녹아서 형체가 없어질 정도가 되면 걸러주면 되는데 처음 뼈와 같이 거를 때는 구멍이 큰 차이나 캡에 걸러서 최대한으로 육수를 얻고 뼈만 건져낸다. 한 번 거른 육수는 다시 중불에 올려 거품을 걷으며 1/5 정도 졸여준 뒤 고운 체에 내려서 빠르게 식혀 저장해두고 사용한다.
　이렇게 하면 갈색 육수 자체에 어느 정도 농도가 있고 맛도 적당히 농축되어 있기 때문에 각종 와인 소스나 스튜를 만들 때 사용하면 시간을 절약하며 원하는 맛을 만들어내기에 용이하다.
　뼈를 구울 때 생 밀가루를 뿌려 오븐에서 살짝 구워서 루(Roux) 대신 사용하면 루를

넣었을 때의 텁텁한 맛과 끈적한 질감을 보완할 수 있으며 오히려 농도도 적당해서 소스를 만들기에도 좋다.

- 장병동 셰프-

04 클래식 육수 Classic Stock

갈색 육수 Brown Stock

모든 브라운 소스 계통에 첨가하는 액체로 사용한다. - 에스파뇰 소스, 데미글라스 소스, 보르도풍 소스, 야생 가금류 소스, 마데라 소스, 페리고풍 소스, 가금류를 이용한 젤리 등에 첨가하는 액체로 사용하며, 조리방법에서는 브레이징, 소테, 라구, 채소를 조리할 때 파테 등의 조리법에서 사용한다.

재료 : (1L를 끓이기 위한 양)

소뼈 : 1kg
물 : 1.5L
당근 : 100g
양파 : 100g
마늘 : 1통
토마토 : 200g
토마토 페이스트 : 20g
부케가르니 : 10g
굵은 소금 : 약간
돼지껍질 : 고전 클래식한 소스에는 소스를 식힌 후 사용하기 편리하기 위해 돼지껍질을 첨부하였음

조리시간 : 5시간 내외

조리방법

1. 오븐을 200℃에 예열을 한다.
2. 당근과 양파를 중간 큐브 크기(2cm X 2cm)로 잘라서 준비한다.
3. 뼈들은 오븐용 팬에 놓고 예열된 오븐에서 갈색이 나게 약 20~30분간 익혀낸다.
4. 오븐용 팬의 기름을 제거하고 준비해 놓은 채소들을 넣고 다시 약 10분간 익혀낸다.
5. 뼈와 채소들을 넓은 육수통에 옮겨 담고, 물과 부케가르니, 토마토, 토마토 페이스트, 마늘을 넣고 끓여준다.
6. 육수가 끓기 시작하면 중불에서 뭉근하게 약 4~5시간 정도 끓여낸다.
7. 육수가 넘 졸아들면 뜨거운 물을 보충하여 준다.
8. 가끔식 육수를 확인해가며 거품 및 이물질을 제거한다.
9. 완성된 육수를 고운체에 걸러 육수와 내용물을 분리한다.
10. 걸러진 육수는 최대한 빠르게 식혀서 냉동보관하며 사용한다(최대 +3℃까지).

출처 : Les Sauces Recettes et Conseils Pratiques,
COMPAGNIE PARISIENNE D`EDITIONS TECHNIQUES & COMMERCIALES, PARIS, FRANCE.

맑은 육수 White Stock

　색을 내지 않은 송아지 주스는 육류를 블랜칭하거나 포칭 혹은 브레이징 하는 과정에서 첨가하는 액체의 용도로 사용할 수 있다. 혹은 필라프, 파테, 채소를 조리할 때 사용이 가능하며, 벨루테나 맑은 소스를 만들 때 사용한다.

재료 : (1L를 끓이기 위한 양)

소 정강이뼈 : 350g
타임 : 약간
소 양지 : 350g

월계수 잎 : 약간

소 잡뼈 : 500g

셀러리 잎으로 구성된 부케가르니 : 10g

당근 : 70g

마늘 : 취향에 따라 약간

양파 : 70g

소금 : 3g

파슬리 줄기 : 약간

물 : 6L

※ TIP: 350g의 정강이 뼈 대신에 양지 700g만으로도 끓일 수 있다.

 조리시간 : 4시간

 조리방법

1. 고기는 조리용 실을 이용하여 덩어리로 묶어준다.
2. 넓은 냄비에 뼈와 고깃덩어리를 넣고 물을 부어준 후 소금을 첨가한다.
3. 중간 불로 육수를 끓여내기 시작한다.
4. 떠오르는 이물질들을 지속해서 제거하며 10분간 더 끓인다.
5. 준비해둔 채소를 육수에 넣고 약한 불에서 서서히 끓여낸다.
6. 뚜껑을 덮지 않고 4시간 정도 조리하여 완성된 육수를 사용한다.

출처 : Les Sauces Recettes et Conseils Pratiques,
COMPAGNIE PARISIENNE D'EDITIONS TECHNIQUES & COMMERCIALES, PARIS, FRANCE.

닭 육수 Chicken Stock

가금류 육수는 벨루테, 쉬프림 소스, 시브리 소스, 아이보리 소스, 빌레루아 소스 등을 만들 때 사용되어진다.

※ 참고: 닭 육수에 소뼈, 소고기가 들어가는 것은 과거의 레시피 특징

재료 : (3L를 끓이기 위한 양)

산출량 : 1L
닭뼈 : 1kg
물 : 1.5L
당근 : 100g
양파 : 100g
파 : 200g
셀러리 : 80g
부케가르니 : 10g
굵은 소금 : 약간
통후추 : 약간
정향 : 약간
소고기(살코기 부분) : 고전 클래식한 육수에서는 소고기(살코기 부분), 소뼈 등을 첨가하여 풍미와 감칠맛을 제공하였지만 현재는 사용하지 않음

※ TIP: 보통의 경우 가금류 스톡을 끓일 때 가금류나 가금류의 뼈를 사용하지만 부득이하게 재료가 없을 때 소뼈나 소고기를 사용할 수 있다.

 조리시간 : 3시간

 **조리방법**

1. 넓은 냄비에 닭뼈와 물을 넣고 5분간 끓여낸다.
2. 끓여진 물은 뼈의 핏물과 불순물을 추출하기 위하여 버리고, 다시 육수통에 차가운 물 1.5L를 넣고 끓이기 시작한다.
3. 양파 반 개에 정향 약 7~10개 정도를 꽂아서 준비한다.
4. 육수가 끓기 시작하면 거품을 제거하고 당근, 양파, 파, 셀러리, 부케가르니를 넣고 3시간 정도 중불에서 뭉근하게 끓인다.
5. 육수가 너무 졸아들면 뜨거운 물을 보충하여 준다.
6. 가끔식 육수를 확인해가며 거품 및 이물질을 제거한다.
7. 완성된 육수를 고운체에 걸러 육수와 내용물을 분리한다.
8. 맑게 걸러진 육수는 최대한 빠르게 식혀서 냉동보관하며 사용한다(최대 +3℃까지).

출처 : Les Sauces Recettes et Conseils Pratiques,
COMPAGNIE PARISIENNE D'EDITIONS TECHNIQUES & COMMERCIALES, PARIS, FRANCE.

생선 육수 Fish Stock

생선과 함께 곁들이는 많은 소스의 첨가 액체로 사용된다. 카노티에 소스, 새우 소스, 화이트 마틀로트 소스, 생 말로 소스, 화이트 와인 소스 등을 만들 때 사용한다.

 참고: 닭 육수에 소뼈, 소고기가 들어가는 것은 과거의 레시피 특징

재료 : (0.5L를 끓이기 위한 양)

생선 뼈 (생선 머리 포함) : 1kg
소금 : 2g
양파 : 70g
후추 : 2g

양송이버섯 : 100g

물 : 0.5L

파슬리 : 5g

화이트 와인 : 200ml

레몬즙 : 약간

 조리시간 : 50분

 조리방법

1. 양파, 버섯, 파슬리 줄기를 큐브 형태로 잘라서 냄비에서 볶아낸다.
2. 볶아진 채소 위에 생선의 뼈 혹은 생선 머리 등을 넣고 물과 화이트 와인, 레몬즙, 소금 등을 첨가하여 센 불에서 끓여준다.
3. 거품이 올라오면 불을 줄여 이물질을 제거하면서 약 30분가량 약한 불로 육수를 끓여낸다.
4. 후추는 육수가 완성되기 마지막 10분 전에 넣어 향미를 제공한다.
5. 육수가 완성되면 고운체에 걸러 육수가 변질하지 않게 빠르게 식혀내어 보관한다.

 주의

위에 설명된 재료는 농축된 생선 육수를 만들 수 있는 분량이다. 물 혹은 다른 여러 향신료를 첨가함으로써 다양한 음식에 사용할 수 있는 스톡을 만들 수 있다. 예를 들면 홍합을 익힐 때 나오는 육즙이나 굴에서 나오는 육수 등을 농축시켜 첨가해 줄 때 더욱 더 깊은 맛의 생선 육수를 만들 수 있다. 생선 육수의 조리 시간은 다른 육수들보다 짧은 편임을 명시해 두어야 한다. 피쉬 스톡의 경우 조리 시간이 40~45분이면 충분하다.

출처 : Les Sauces Recettes et Conseils Pratiques,
COMPAGNIE PARISIENNE D`EDITIONS TECHNIQUES & COMMERCIALES, PARIS, FRANCE.

05　육수에 얽힌 이야기

나는 육수에 관한 많은 추억을 가지고 있다. 처음 미 대사관에 취직했을 때 그 당시 주방장님은 김방원 원로 셰프님이었다. 성격이 불같았다. 한번 지시하면 모든 요리사들이 무조건 따라야 했다. 육수 통에 한 번 육수를 올려놓으면 하루 온종일 끓이는 스타일이었는데, 그 당시는 식재료가 귀해서일 것이다. 1977년이었으니 세월이 많이 변했다.

육수 통에는 잡고기도 구워서 넣고, 남은 채소는 계속 집어넣었다. 그래서 육수가 졸면 당연히 물도 채워 주었다. 이 육수를 저녁에 걸러서 냉장고에 보관해 두었다가 다음 날 아침에 비프콩소메를 끓였다.

그때 내 나이가 27살쯤이니 아주 어린 나이도 아닌데, 주방에서는 꼬마로 통했다. 일도 못하지, 생각도 짧지, 단지 의욕만 앞서 있었다. 게다가 육수 레시피도 대충 따라했던 것 같다. 훗날 김방원 원로 셰프님은 옛날 일을 이야기를 하다 '그래도 학교에서 배운 지식이 있어서 물어보는 것이 많은 꼬마'로 많은 셰프들이 나를 귀여워했다고 하셨다. 지금 생각해보면 그 당시 나는 당돌한 꼬마였다.

초보 조리사일 때, 나는 주방에서 가장 신기한 요리를 보았다. '꽁소메'였다. 훗날, 이 스프에 대한 궁금증을 풀기 위해서 나는 프랑스로 요리 유학을 떠나게 되었다. 1976년, 콩소메는 안심을 잡으면 남는 잡고기를 기름을 제거한 후에 고기와 채소를 육수 통(100L)에 넣고 달걀흰자와 향신료 후추, 월계수 잎과 소금을 조금 넣고 긴 나무 주걱으로 한 시간 정도 저어서 만들었다. 이마에서 땀이 나고 팔이 아플 정도로 저었다. 온갖 생각이 떠올랐다. '내가 왜 이 일을 해야 하나, 내 동료들은 모두 여행사, 객실, 식음료실 등에서 편하게 일하는데 나만 죽을 고생을 사서 하는 것 아닌가.' 별의별 생각으로 괴로웠다. 선배 셰프들에게 야단도 많이 맞았다. 손은 느리고, 손도 잘 베이고, 배는 왜 그리 고픈지, 배가 고파도 밥을 먹을 수 없었다. 특히 일을 마치고 나면 이때가 가장 배가 고팠다. 이때 남은 밥에 남은 채소(베이컨 넣고 볶은 껍질 콩)를 넣고 말아 먹으면

꿀맛이었다. 주방 한쪽에서 나는 그것을 먹었다.

콩소메 끓이는 날은 하루 전부터 고민을 해야 했다. 거품이 나면 육수를 넣어 장시간 끓였는데, 너무 힘들었다. 하루 종일 통에 넣고 끓여서 이것으로 양파스프를 만들었다. 즉석에서 작은 불에 콩소메를 넣고, 그 위에 빵에 치즈를 올려 구운 것을 올려 끓이다가 사라만더를 올린 후에 손님에게 제공했다. 저녁때는 걸러서 콩소메로 판매하곤 했다. 콩소메를 팔다가 남으면 육수를 섞어서 양파스프를 만들곤 했다. 그래서 콩소메 스프에 대한 기억이 많다.

신라호텔 입사한 후에 프랑스 요리 유학을 갈 때 호텔의 책임자분들이 왜 요리 유학을 가느냐고 물었을 때도, 콩소메 스프 만드는 법을 배우고 싶어서 프랑스에 간다고 얘기했었다.

미 대사관에서 배운 콩소메스프, 하얏트호텔에서 배운 콩소메, 신라호텔에서 배운 콩소메 조리법이 조금씩 달라서 나는 1895년에 만들어진 프랑스 르 꼬르동 블루 학교에서는 어떻게 콩소메를 만드는지 궁금하여서 유학을 결심했다.

나는 초보 조리사 시절 육수에 대하여 잘 몰랐다. 단지 선배님들이 가르쳐주는 대로 일을 했을 뿐이다. 일하면서 적어둔 육수 노하우를 소개해본다.

소고기 육수는
▶ 재료를 구워서 육수를 만들면 용출이 많이 된다.
▶ 토마토를 넣고 끓이면 용출이 많이 된다.
▶ 찬물부터 끓이면 용출이 많이 된다.
▶ 재료가 신선해야 한다.
▶ 향신료는 두 가지 이상 넣어야 한다.

이 당시 일하면서 실험해보고 싶었던 것을 정리해 보면

생선 육수는
- ▶ 군내 나는 이유
- ▶ 육수가 탁하다.
- ▶ 육수 색이 연한 이유.
- ▶ 생선과 조개 국물 비교.
- ▶ 육수에 소금 넣는 양을 비교한다.
- ▶ 육수에 식초 와인 넣어서 비교해본다.
- ▶ 생선 살 육수와 뼈만 넣어서 끓여 비교한다.
- ▶ 생선뼈를 오븐에 색 내어 육수를 끓인다.
- ▶ 생선 뼈 색 안 내고 그냥 끓인 것과 비교해본다.
- ▶ 지하수와 생수 수돗물 끓인 육수 맛 비교한다.

소고기 육수로 실험해보고 싶은 사항을 적어보면
- ▶ 소금 넣어 만든 육수의 맛과 안 넣었을 때 맛 차이는
- ▶ 냉장 뼈와 냉동 뼈 육수 맛 차이는
- ▶ 지하수와 수돗물 차이는
- ▶ 뼈 구워서 만든 육수와 안 구운 뼈로 만든 육수
- ▶ 기름 넣어서 끓인 육수
- ▶ 육수에 생 포도를 넣고 끓인다.
- ▶ 닭 뼈와 소고기 뼈를 섞은 것과 소뼈만 넣고 끓인 육수를 비교해본다.
- ▶ 소고기 육수에 돼지기름을 넣고 끓인다.
- ▶ 기름을 걷지 않는 육수와 기름을 걷는 육수를 비교해본다.

이런 실험을 소스 전문가들하고 실험해보는 모임이 생기길 기대해본다.

06 육수 연구

나는 육수와 소스만을 주로 연구했기에 제자들도 이 분야를 연구한 제자가 많다. 육수에 관한 논문을 쓴 제자 몇을 소개하면 먼저 흰색 육수 관련 논문을 쓴 우현모씨가 기억난다.

우현모씨는 조선호텔에 근무하면서 경희대에서 석사논문으로 닭 육수에 토마토를 넣어서 관능적 특징을 찾아보겠다고 했을 때 처음에는 나는 반대했다. 하지만 현장에서 실험해보니 맛·색·향 등이 우수함으로 연구해보겠다고 하고 석사논문으로 정리했다.

결과는 아주 훌륭했다. 후에 강의 때마다 이 논문의 우수성과 현장에서 많이 이용하라고 권하곤 했다. 그러나 아직도 많은 주방에서 닭 육수에 토마토를 넣는 주방장은 드물다. 우현모씨는 그 후 BBQ에서 본부장으로 근무하고 있지만 연구 능력이 아까운 사람으로 기억한다. 학교 쪽으로 갔으면 성공했으리라 생각한다.

우현모씨의 논문이 나온 후에 산천어(김기쁨), 대구뼈(윤학봉) 육수 논문이 발표되었다. 주재료만 바꾸고 여기에 토마토를 넣었던 것이 주 내용이었다.

다음으로는 경기대 김종석 제자가 연구한 '육수에 소금을 첨가하면 맛이 더 좋아진다'는 것을 증명한 논문을 발표했다. 김종석씨는 원래 경주대 학부의 제자였는데 학부 졸업 후 영국의 꼬르동 블루를 졸업 후에 한국에서 현재 소스 전문 회사를 운영하면서 단체급식용 대량 소스를 개발하고 있다. 김종석씨는 소금의 첨가량에 따른 닭 육수의 관능적 특성을 연구했다.

그 후에 양고기, 식용곤충(홍우표) 등에도 소금을 넣어서 육수를 만들면 용출이 많이 나온다는 내용이 있었고, 생선육수를 연구한 논문(강태구), 바지락 육수를 연구한 논문도 제자들이 발표했다.

오리에 사과산을 넣어 만든 육수 연구(송정식)와 데리야끼 소스를 사과즙을 넣어서 만든 소스의 개발도 기억이 난다.

지금 생각해보니 그 당시는 육수에 많은 시간을 할애하여 연구했다. 특이한 것은 흰색 육수보다는 그 당시는 갈색 육수 연구가 많았다. 갈색 육수는 갈색 소스와 연결되므로 소스에서 다루기가 수월했다.

소고기 갈색 육수는 내가 박사학위 논문 주제였으므로 간단히 소개하고자 한다.

나는 하얏트 메인 주방에서 삼년동안 브라운 소스를 만들었다. 육수를 만드는 솥이 3개 있었는데 매일같이 육수와 브라운 소스를 만들었다.

그 당시 하얏트 호텔에서는 스팀 솥에 뼈를 구워 넣고 물을 붓고, 루를 볶아서 토마토페이스트를 추가로 넣어 섞었다. 그리고 8시간 정도 끓인 후에 소창을 길게 잡고 두 명이 양옆에 서고, 가운데서 한명이 왔다 갔다 하면서 소창에 소스를 부어 걸러서 브라운 소스를 만들었다. 하루에 200L 정도는 매일 만들었다. 소스를 다 걸러야 퇴근했다. 이것이 오전 조가 하는 일중 가장 큰 일이다. 오후 조는 당연히 파티를 담당하곤 했다.

이곳에서 삼년을 마치고 신라호텔의 박명선 이사님 소개로 신라호텔로 이직했다. 신라에 와서 보니 브라운 소스를 만드는 법이 달랐다. 내가 보아도 소스를 체계적으로 정성들여 만들었다.

갈색육수는 뼈 20Kg과 사골 20Kg, 채소 6Kg를 매일 오븐에 볶아서 넣고, 물 200L를 넣어 8시간을 끓여 만들었다. 이런 일을 6일 동안 똑같이 반복했다. 이런 스타일은 전 세계에서 몇 안 되는 제조방법이었다. 다른 호텔은 쉽게 만들고 있지만 신라는 지금도 이 방법을 고수하리라 생각한다. 지금은 이와 비슷한 과정을 거쳐서 만든 소스를 공장에서 제조해 주기 때문에 신라 스타일은 많이 사라졌다.

당시 신라에서 메인 과장이었던 나는 이 소스를 만드는 과정에 어려운 점이 많았다. 우선 시간이 많이 걸리는 작업이었다. 다음으로 원가가 높았는데, 우리나라는 그 당시 사골 값이 너무 비쌌다. 세 번째는 인력 소모가 많고 업무 효율에 도움이 되지 않았다. 하지만 일본 오꾸라에서 전수한 이 방법은 고수하는 것이 좋다고 생각했다.

이 갈색소스로 나는 박사 논문을 쓰기로 이재성(영남대 전 부총장) 교수님에게 허락받았다. 이 연구는 갈색육수 제조시간, 원가 등을 줄일 수 있는 제조 방법을 찾는 것이 목표였다.

그래서 일반 열수 추출이 아닌 고압기계를 이용하여 육수를 추출하여 육수를 제조

 육수

한 후, 이 육수를 바탕으로 소스를 제조하는 방법을 선택하였다. 하여 갈색 육수 소스로 2002년 학위를 받았다. 이 논문을 바탕으로 그 후에 많은 논문이 탄생하였다.

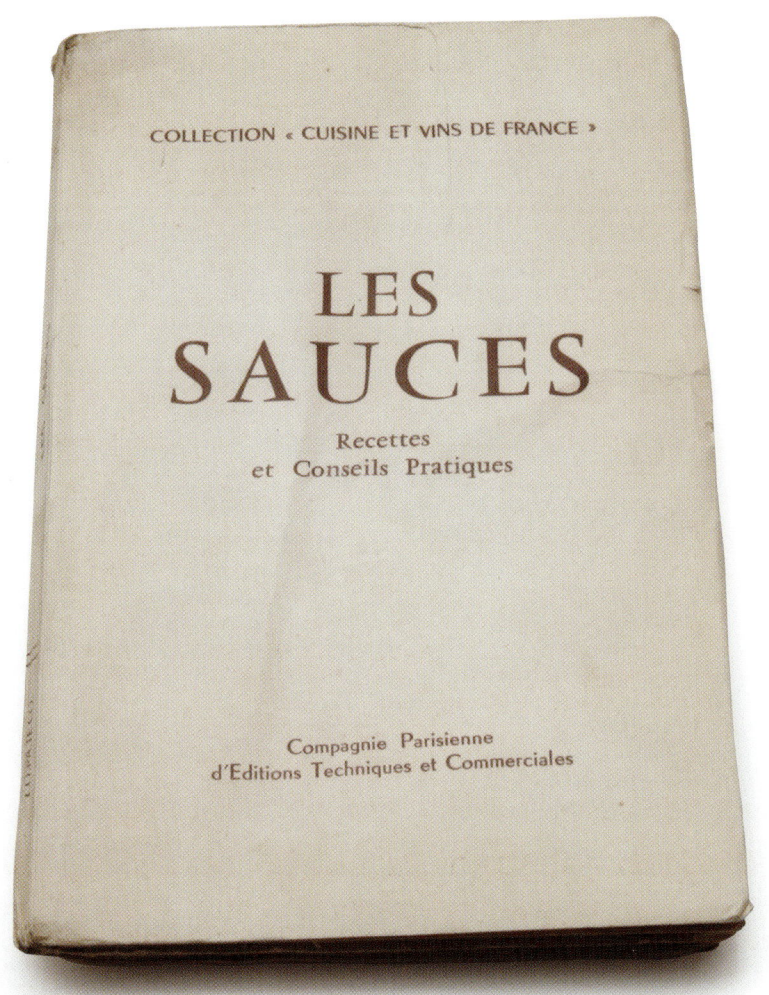

BROWN SAUCE

갈색 육수 베이스 소스

01. 브라운 소스 개요
02. 브라운 소스 트렌드
03. 브라운 소스의 비밀
04. 클래식 브라운 소스
05. 파생 브라운 소스
06. 브라운 소스에 얽힌 이야기

01 브라운 소스 개요 Overview of Brown Sauce

브라운 소스는 서양요리에서 5가지 기본 소스 중에서 가장 많이 사용되는 중요한 소스 중 하나이다. 간단한 소스는 전통적으로 고기 육즙을 가지고 만든 그래비(gravy) 소스가 있다. 그리고 프랑스에서 클래식(Classic)한 소스로는 육류와 뼈, 채소를 볶아서 색을 내어 갈색 육수를 만든 다음에 여러 가지 재료를 첨가한 것으로 기본적으로 만든 것을 '에스파뇰 소스'라고 했다. 요즘은 모체 소스를 데미그라스로 사용한다.

요즘 많이 쓰는 모체소스로는 갈색 소스를 기본으로 하여 적포도주(Red wine)를 첨가하여 소스를 만들게 되는데, 이때 소스의 이름은 레드 와인 소스라 한다. 브라운 소스에 레드 와인을 첨가하는 것은 밀가루와 버터를 넣어 가열하지 않고 동량의 혼합한 뵈르마니에(beurre manie)에 의하여 화이트 와인을 넣은 소스에 비해 강한 점성을 가지게 된다. 레드와인 대신 포트와인(Port wine)이 첨가되면 포트와인 소스가 된다. 이 소스 외에도 마데라 소스, 후추 소스 등을 모체로 쓰는 셰프들이 많다. 이렇게 기본 소스를 토대로 하여 수없이 많은 파생 소스가 만들어진다.

서양 요리를 대표할 수 있는 것 중 하나가 육류 요리라고 할 수 있는데 육류 요리 제조 시 사용되는 소스는 대부분 브라운 소스이며 약 80%의 비율을 차지할 정도이다.

브라운 소스의 재료인 크림 및 치즈가 부족한 때에는 밀가루와 버터를 이용하여 만든 루를 만들어 대체 사용하기도 하였다는 기록이 있다. 근래에는 농후제로 루를 사용하는 방법이 표준화되기 시작하면서 루를 이용하여 소스의 농도를 조절하게 되었다. 브라운 소스는 제조 시 소뼈 또는 송아지 뼈를 이용하여 우려낸 브라운 스톡을 넣고 기타 부재료를 첨가하여 만들기 때문에 육류 자체의 맛에 손상을 주지 않고 감칠맛과 향미를 더할 수 있다는 특징을 지닌다.

브라운 소스는 양식에서 주로 스테이크, 스튜 등 육류 및 가금류 요리에 보편적으로 널리 사용되어온 갈색 계통의 기본 모체소스로서 소뼈, 돼지뼈, 미르포와(Mirepoix; onion, carrot, celery) 채소, 토마토, 토마토 페이스트, 허브 등이 이용되며 6시간 이상 고아내는 방식으로 만들어진다.

02 브라운 소스 트랜드 Brown Sauce Trend

5대 모체 소스를 이야기할 때 가장 먼저 언급되는 브라운 소스는 데미글라스, 에스파뇰 등으로 불리며 일반적으로 소나 송아지의 뼈 또는 부산되는 고기를 주 재료로 끓이는 가장 많이 사용되는 소스다.

이 브라운 소스는 현대 주방에서도 많이 사용하는 소스이지만 아직까지도 브라운 소스, 에스파뇰 소스, 데미글라스, 폰드보 등등 다양한 이름으로 혼재되어 사용하고 있다.

일반적으로 알고있는 브라운 모체 소스는 소나 송아지로 만든 것을 이야기하지만 정확하게 분류를 하자면 브라운 소스는 소, 송아지, 돼지, 닭, 오리, 양 등 모든 육류의 뼈와 부산 고기, 그리고 향신 채소를 색이 나도록 구워 물이나 육수를 넣고 끓여만든 갈색의 모든 소스를 통칭하는 개념으로 브라운 빌 소스, 브라운 비프 소스, 브라운 치킨 소스 등 재료가 되는 육류의 이름을 붙여 사용하며 2~3가지 종류의 육류를 사용하여 만들기도 한다.

2000년대 이전에 이미 시작된 수비드 조리기법과 분자요리를 비롯한 획기적이고 모던한 조리법이 세계에 퍼지고 로컬 재료와 조리법을 접목시킨 요리가 세계적으로 인정받기 시작하면서 각 나라의 고급 레스토랑에서 전통적인 조리법과 서양의 조리법이 접목된 특징있고 다양한 요리를 선보이게 된다.

우리나라도 한 때 한식의 세계화가 요리 트랜드의 중심적 주제가 되면서 서양 정통 요리보다 한식이나 동양식 조리법과 식재료가 어우러진 요리가 등장하고 보편화되면서 메인요리에 사용되는 브라운 소스의 비중이 줄어들었다. "고기 요리에는 브라운 소스"라는 개념에서 벗어나 메인 요리에 채소, 치즈, 크림 등으로 만든 매우 다양한 맛과 질감의 소스를 복합적으로 사용하기 때문에 브라운 소스의 비중이 메인 요리의 맛을 결정하는 주된 요소에서 요리를 완성하는 구성의 하나로 변해가고 있는 추세다. 반면 채소 요리와 파스타, 또는 해산물 요리에도 브라운 소스를 사용하는 경우가 있어 그 쓰임새는 더 다양해지고 있다.

전문적인 프랑스 요리 전문 레스토랑과 컨템퍼러리 파인다이닝 레스토랑이 늘어나면서 농후제(루)를 사용하지 않은 JUS를 사용하여 더 섬세하고 다양한 소스들을 만들어 사용함으로써 데미글라스 소스를 그대로 곁들이는 곳은 구식이라는 인식이 되어버렸다. 하지만 소스를 만들 때 사용하는 재료(육류의 부산물, 뼈 등) 또한 각 셰프들의 경험에 의하여 다양해지면서 보다 섬세한 맛과 질감을 가진 브라운 소스를 만들고 이 기본 소스를 베이스로 개성있고 다양한 소스를 만들어 더 고급스러워진 브라운 계열의 소스를 사용하고 있다.

최근 호텔에서 사용하는 브라운 계열 소스 역시 비중이 점점 줄어들고있는 추세이다. 국내외 프랜차이즈 레스토랑들이 많이 생겨나고 이탈리아와 프랑스 요리 전문 레스토랑들이 대중화되면서 과거에 고급스럽고 선구적인 레스토랑으로 여겨지던 호텔의 레스토랑들에 대한 인지도가 줄어들게 되었고 90년대 겪었던 IMF 사태 이후 호텔에서 운영하는 레스토랑의 수를 줄이거나 영업 실적이 나오지 않는 매장을 좀 더 대중적인 식당으로 바꾸어 운영을 하면서 전문 양식 레스토랑을 운영하는 곳이 급격하게 줄어들게 되었다.

급변하는 요리문화의 트랜드를 빠르게 적용하여 반영하는 외부 전문 레스토랑들과 달리 호텔 이용고객들에 대한 서비스 공간의 역할도 해야하는 호텔 레스토랑의 특성상 트랜드에 맞추기 보다 꾸준하게 전통적인 메뉴를 제공해야 했기 때문에 소스의 트랜드 역시 조금은 보수적으로 천천히 바뀌어 왔다. 그렇기 때문에 전통이 있는 호텔들은 오랜 시간에 걸쳐 완성된 노하우로 만들어진 브라운 소스를 만들어 사용하며, 이는 고급스러워지고 풍부한 식재료를 사용함으로써 그 퀄리티가 매우 높다.

연회에 사용하는 소스는 대량으로 제조가 되기 때문에 고급 다이닝 업장에서 사용하는 브라운 소스와 다른 레시피를 사용하여 만들어 진다. 오랜 시간 끓여 육수를 뽑아 만드는 것은 같지만 한 번에 많은 재료를 넣어 기본 육수를 끓이는 시간이 조금 짧고 루 등 농후제가 조금 더 첨가되어 농도가 진하다. 이는 많은 음식을 들고 서비스할 때 소스가 너무 퍼지지 않도록 하기 위함이다. 또한 메뉴의 개성이나 다양성 보다 다수에게 무난한 요리를 제공해야 하는 연회 특성상 대중들이 가장 선호하는 소스 몇 가지를 집중적으로 만들어 사용하고 있는 추세이다.

　최근 높아진 인건비와 운영비 때문에 주방 근무 인력을 최대한 효율적으로 운영을 하면서 많은 식재료들을 가공된 상태로 받아 사용하며 소스 좀 더 효율적인 방법으로 만들게 되었다. 최근 생겨난 소규모 호텔들은 반제품 또는 완제품을 함께 사용하는 방법으로 기본 브라운 소스를 만들어 사용하는 곳들이 많이 늘고 있으나 이런 곳에서도 고급스러운 단품 요리를 제공하는 레스토랑의 소스는 직접 만들어 사용하고 있다.

　뉴질랜드나 유럽 등 외국에서 수입되는 완제 브라운 소스는 실제 만든 것과 거의 차이가 없을 정도로 맛과 농도, 풍미가 매우 훌륭하다. 실제 사용하기 어려운 송아지 뼈와 고기를 구워 색을 내서 소스를 만드는데 액상 냉동 또는 냉장 상태로 유통이 되며 가격이 매우 비싸다.

　우리나라 공장에서 대량으로 소스를 제조할 시 뼈나 고기 등의 재료를 가열하여 색을 내는 과정이 매우 드물고 색소나 다른 식재료를 혼합하여 색과 맛을 내기 때문에 국내에서 생산되는 제품들은 수입 제품에 비해 맛과 식감이 조금 차이가 있지만 가격이 저렴하고 원하는 맛에 어느 정도 맞춰 제작이 가능하다는 장점이 있다. 가장 보편적으로 사용되는 것은 캔 제품으로 보관이 쉽고 응용이 매우 용이하며 최근에는 좀 사용양이 줄었지만 외국 유명 식품 브랜드 제품 중 가루 형태로 제작되어 브라운 스톡이나 물에 섞어 사용하는 제품도 있다. 가루제품이라 조미료를 연상하기 쉬우나 의외로 품질이 좋아 브라운 스톡에 루처럼 풀어 농도와 맛을 내면 어느 정도 맛을 갖춘 소스를 만들 수 있다.

-송용욱 셰프-

03 브라운 소스의 비밀 The Secret of Brown Sauce

이론적으로 클래식한 데미글라스 소스라 함은 갈색 육수(Fond de veau:퐁드보)에 갈색 루를 섞어 끓여 1/2로 졸인 것을 말한다.

데미글라스 소스는 2000년대 이후 서양 요리에서는 거의 사라지고 다이닝 레스토랑에서 와인 소스 정도는 사용되고 있지만 그 자리를 JUS(주)가 대신해서 더 진한 풍미와 매끄러운 질감으로 각 주재료의 맛을 더 풍요롭게 하는 역할을 하고 있다. 그러나 지금도 일본에서 유래된 경양식 풍의 레스토랑이나 대형 연회장에서는 아주 중요한 모체 소스의 기능을 충실히 하고 있을 것이다.

데미글라스 소스는 앞서 소개된 완성된 갈색 육수를 졸여서 갈색으로 만든 루를 혼합하여 되직한 농도로 만들어 낸 것으로 주로 육류 요리를 위한 소스로 많이 사용되는데 다소 진하고 텁텁한 맛을 보완하기 위해 농축시킨 레드 와인을 섞어서 산미와 풍미를 더해 좀 더 깔끔한 맛의 레드 와인 소스로 응용하여 많이 사용한다.

레드 와인 대신 포트 와인이나 마데라 와인을 사용하면 각 와인의 고유의 향과 단맛을 추가할 수 있어 더 기호도 높은 소스를 만들 수 있다. 이러한 와인 소스들도 레스토랑에서 반복해서 데워서 사용하게 되면 산미가 줄어들게 되는데, 이 때 레드 와인 식초를 한 스푼씩 소스에 첨가해서 사용하면 적당한 산미를 유지하면서 육류 요리를 돋보이게 하는 역할을 지속적으로 할 수 있게 해 준다.

만약 루를 사용하지 않기를 원하면 농축시킨 갈색 육수에 감자 전분을 이용해 농도를 되직하게 맞추어 데미글라스 소스를 만들어 사용하기도 한다.

-장병동 셰프-

04 클래식 브라운 소스 Classic Brown Sauce

에스파뇰 소스 Espagnole Sauce

에스파뇰 소스는 브라운 소스라고 일컫는 소스 종류들의 모체 소스이며, 가장 기본적으로 사용되는 소스이다. 돼지 기름이 들어가는 것이 특이하다.

 재료 : (사용 가능한 소스 1L에 맞추어)

산출량 : 1L
갈색 육수 : 1.5L
버터 : 600g
밀가루 : 600g
베이컨 : 50g
토마토 : 300g
토마토 페이스트 : 30g
부케가르니 :10g
마늘 : 20g
당근 : 50g
양파 : 50g
소금 : 약간
후추 : 약간

 조리방법

1. 토마토를 중간 큐브 크기(0.5cm X 0.5cm)로 잘라서 준비한다.
2. 베이컨과 채소들을 중간 큐브 크기(2cm X 2cm)로 잘라서 준비한다.

3. 냄비에 버터와 준비한 채소들을 넣고 황금색이 날 때까지 볶아준다.
4. 황금색으로 볶아진 채소들에 밀가루를 넣고 갈색이 나게끔 볶아준다.
5. 토마토 페이스트를 첨가하고 약 1분간 볶은 후 식혀서 토마토 루를 완성한다.
6. 식혀진 토마토 루에 갈색 육수를 천천히 부어준다.
7. 거품기를 이용하여 토마토 루와 갈색 육수를 잘 섞어준다.
8. 육수가 끓기 시작하면 부케가르니와 준비된 작은 큐브 사이즈의 토마토를 넣고 약 1시간 정도 끓여낸다.
9. 가끔식 육수를 확인해가며 거품을 제거한다.
10. 완성된 육수를 고운체에 걸러 육수와 내용물을 분리한다.
11. 맑게 걸러진 육수를 깨끗한 냄비에 담고 졸여서 소스의 점도와 윤기를 맞춘다.
12. 소금, 후추로 간을 하고 소스를 마무리한다.

※ 참고

돼지지방 : 고전 클래식 소스에서는 돼지 지방을 첨가하여 풍미와 감칠맛을 제공하였지만 현재는 베이컨으로 대체됨

데미글라스 소스 Demi grace Sauce

데미글라스 소스는 에스파뇰 소스를 최대한 맑게 만든 후 육즙 소스를 첨가한 소스이다. 이 소스의 사용법은 에스파뇰 소스와 동일하다.

 재료 : (사용 가능한 소스 1L에 맞추어)

맑은 에스파뇰 소스 : 0.5L

갈색 육수 : 0.2L

육류나 가금류, 또는 생선 육즙 소스 : 50g

조리방법

1. 준비된 에스파뇰 소스를 30분 동안 끓이며 거품과 이물질을 걷어낸다.
2. 갈색 육수를 두 번에 걸쳐 넣고 끓이며 점도 조절을 한다.
3. 마지막으로 육류나 가금류 또는 생선의 육즙 소스를 첨가하고 마무리한다.

※ TIP: 데미글라스 소스는 약간 가벼워야 한다.

출처 : Les Sauces Recettes et Conseils Pratiques, COMPAGNIE PARISIENNE D`EDITIONS TECHNIQUES & COM

05 파생 브라운 소스

1) 아프리칸 소스(African Sauce)

 재료 : (사용 가능한 소스 1L에 맞추어)

무염버터 15g, 잘게 다진 샬롯 1개, 레드와인 60ml, 케이엔 후추 조금, 토마토 퓨레 30g, 데미글라스 200ml

 조리방법

1. 샬롯을 버터에 5분 동안 볶는다.
2. 여기에 와인을 첨가하여 3/4으로 줄어들 때까지 졸인다.
3. 그 후 케이엔 후추, 토마토, 데미글라스를 넣고 5분 동안 끓여준다.
4. 마지막에 고운 체에 거르고 소금으로 간을 맞춘다.

2) 비가라드 소스(Bigarade Sauce)

 재료 : (사용 가능한 소스 1L에 맞추어)

무염 버터 15g, 다진 샬롯 15g, 황설탕 15g, 레몬주스 10ml, 데미글라스 200ml, 오렌지 리큐르 30ml, 꼬냑 30ml, 오렌지 껍질 1개, 오렌지주스 10ml

 조리방법

1. 오렌지 껍질을 벗긴 후 잘게 썰어 오렌지 제스트를 만든다.
2. 오렌지 제스트를 끓는 물에 5분간 데친 후 체에 걸러준다.
3. 샬롯을 버터에 5분 동안 볶다가 황설탕을 넣고 녹인다.
4. 여기에 오렌지와 레몬주스를 넣고 3/4으로 줄어들 때까지 졸인다.
5. 데미글라스를 첨가하고, 5분 동안 끓인 후 적당한 농도가 되면 고운체로 거른다.
6. 마지막에 오렌지 리큐르, 꼬냑, 준비한 오렌지 제스트를 넣고 소금, 후추로 간을 한다.

3) 보르도 소스(Bordeaux Sauce)

 재료 : (사용 가능한 소스 1L에 맞추어)

다진 샬롯 15g, 보르도 와인 250ml, 신선한 타임 1줄기, 월계수 잎 1장, 데미글라스 200ml

조리방법

1. 샬롯, 와인, 허브를 자루 냄비에 넣고 3/4으로 줄어들 때까지 졸인다.
2. 데미글라스를 넣고 잠깐 끓이다가 버터와 소금, 후추로 간하여 마무리한다.

4) 버건디 소스(Burgundy Sauce)

 재료 : (사용 가능한 소스 1L에 맞추어)

작게 다이스한 베이컨 1개, 다진 샬롯 2개, 얇게 썬 양파 1개, 파슬리 줄기 3개, 타임 1줄기, 월계수잎 1장, 드라이 버건디 레드와인 250ml, 데미글라스 200ml

 조리방법

1. 베이컨을 소스 팬에 중불로 밝은 갈색이 될 때까지 볶는다.
2. 여기에 샬롯과 양파를 넣고, 5분간 볶다가 허브와 와인을 넣고 양이 3/4이 될 때까지 졸인다.
3. 마지막으로 데미글라스를 넣고 적당한 농도가 날 때까지 끓인 후 체에 거른다.
4. 여기에 버터와 소금, 후추로 마무리한다.

5) 캐벌리어 소스(Cavalier Sauce)

데미글라스에 머스터드와 타라곤 식초로 넣고, 케이퍼와 피클을 다져서 넣어준다. 여기에 추가로 버터와 소금, 후추로 마무리해서 사용한다.

6) 샴페인 소스(Champagne Sauce)

 재료 : (사용 가능한 소스 1L에 맞추어)

다진 샬롯 1개, 신선한 타임 1줄기, 월계수 잎 1장, 샴페인 와인 250ml, 데미글라스 200ml, 무염 버터 30g, 꼬냑 60ml

 조리방법

1. 샬롯, 허브, 와인을 자루 냄비에 넣고 3/4으로 줄어들 때까지 졸인다.
2. 여기에 데미글라스를 넣고 적당한 농도가 될 때까지 끓인다.
3. 마지막에 버터 몽테를 하고 꼬냑을 넣어 마무리한다.

7) 샤토브리앙 소스(Chateaubriand Sauce)

 재료 : (사용 가능한 소스 1L에 맞추어)

다진 샬롯 1개, 다진 양송이버섯 1개, 신선한 타임 1줄기, 월계수잎 1장, 드라이 화이트 와인 250ml, 데미글라스 200ml, 무염 버터 30g, 다진 파슬리 10g, 다진 타라곤 10g, 레몬주스 15ml, 케이엔 페퍼 약간

 조리방법

1. 샬롯, 양송 버섯, 허브, 화이트 와인을 자루 냄비에 넣고 3/4으로 줄어들 때까지 졸인다.
2. 여기에 데미글라스를 넣고, 적당한 농도가 될 때까지 끓인다.
3. 마지막에 버터 몽테를 하고, 다진 허브, 레몬주스, 케이엔 페퍼로 마무리한다.

8) 데빌 소스(Devil Sauce)

재료 : (사용 가능한 소스 1L에 맞추어)

다진 샬롯 1개, 드라이 화이트 와인 250ml, 화이트 와인 식초 60ml, 신선한 타임 1줄기, 월계수 잎 1장, 머스타드 1/4ts, 토마토 퓨레 30g, 데미글라스 200ml, 검은 후추 2g, 케이엔 페퍼 1/4ts, 다진 파슬리 15g, 레몬주스 15ml

조리방법

1. 샬롯, 화이트 와인, 식초, 허브, 머스타드를 자루 냄비에 넣고 3/4으로 줄어들 때까지 졸인다.
2. 여기에 토마토 퓨레와 데미글라스, 케이엔 페퍼를 넣고 적당한 농도가 나올 때까지 끓인다.
3. 마지막에 체에 거르고 다진 파슬리를 넣은 후 소금과 후추로 간한다.

9) 둑셀 소스(Duxelle Sauce)

 재료 : (사용 가능한 소스 1L에 맞추어)

다진 샬롯 1개, 다진 스페인 양파 30g, 양송이버섯 5개, 드라이 화이트 와인 120 ml, 토마토 퓨레 120g, 데미글라스 180ml, 무염 버터 30g, 다진 파슬리 30g

 조리방법

1. 샬롯, 양파, 양송이버섯을 버터에 5분 동안 볶다가 화이트 와인을 넣고 졸인다,
2. 여기에 토마토 퓨레와 데미글라스를 넣고, 적당한 농도가 될 때까지 끓인다.
3. 버터 몽테를 하고 파슬리를 첨가한 후 소금, 후추로 간한다.

10) 에스터하지 소스(Esterhazy Sauce)

 재료 : (사용 가능한 소스 1L에 맞추어)

무염버터 15g, 다진 양파 1개, 드라이 화이트 와인 120ml, 파프리카 15g, 데미글라스 200ml, 사워크림 60ml

 조리방법

1. 양파를 버터에 5분 동안 볶다가 화이트 와인과 파프리카를 넣고 양이 3/4 될 때까지 졸인다.
2. 여기에 데미글라스를 넣고 적당한 농도가 날 때까지 끓인다.

3. 마지막에 사워크림을 넣고 살짝 끓여서 마무리한다.

11) 포레스트 소스(Forest Sauce)

 재료 : (사용 가능한 소스 1L에 맞추어)

무염버터 15g, 저민 샬롯 1개, 드라이 레드와인 250ml, 데미글라스 200ml, 다진 표고버섯 120g

 조리방법

1. 샬롯을 버터에 5분 동안 볶다가 레드와인을 넣고 양이 3/4이 될 때까지 졸인다.
2. 데미글라스를 넣고 적당한 농도가 나올 때까지 끓이다가 표고버섯을 넣는다.
3. 마지막에 버터와 소금, 후추를 넣어 마무리한다.

12) 제네럴 소스(General Sauce)

데미글라스에 레몬주스와 타라곤 식초, 마늘로 간을 한 후 오렌지 제스트로 가니쉬하고, 드라이 쉐리로 마무리한 갈색 소스이다.

13) 고다르 소스(Godard Sauce)

 재료 : (사용 가능한 소스 1L에 맞추어)

곱게 다진 햄 60g, 잘게 다진 양파 60g, 샴페인 250ml, 데미글라스 200ml, 버섯 에센스 30ml

 조리방법

1. 햄, 양파, 샴페인을 자루 냄비에 넣고 양이 3/4이 될 때까지 졸인다.
2. 여기에 데미글라스와 양송이버섯 에센스를 넣고 적당한 농도가 나올 때 까지 끓인 후 걸러준다.
3. 마지막으로 버터와 소금, 후추를 넣어 마무리한다.

14) 고메 소스(Gourmet Sauce)

데미글라스에 레드 와인과 생선 육수를 졸여 넣고 바닷가재와 다진 트러플을 첨가한 갈색 소스이다.

15) 집시 소스(Gypsy Sauce)

데미글라스에 피클, 햄, 양송이버섯, 트러플을 넣는다. 마지막에 파프리카 가루를 뿌리고 추가로 버터와 소금, 후추로 마무리한 갈색 소스이다.

16) 리오네즈 소스(Lyonese Sauce)

재료 : (사용 가능한 소스 1L에 맞추어)

버터 15g, 다이스한 중간 크기의 양파 1개, 드라이 화이트 와인 120ml, 화이트 와인 식초 120ml, 데미글라스 200ml

조리방법

1. 버터에 약간 갈색 빛이 나게 양파를 볶는다.
2. 여기에 와인과 식초를 넣어 양이 3/4이 될 때까지 졸인다.
3. 데미글라스를 넣고 적당한 농도가 날 때까지 끓인다.
4. 마지막으로 버터와 소금, 후추를 넣어 마무리한다.

17) 마데이라 소스(Madeira Sauce)

재료 : (사용 가능한 소스 1L에 맞추어)

다진 샬롯 1개, 마데라 와인 250ml, 데미글라스 160ml, 무염버터 30g

 조리방법

1. 샬롯을 버터에 넣고 3~4분 동안 볶는다.
2. 여기에 마데라 와인을 넣고 양이 3/4이 될 때까지 끓인다.
3. 데미글라스를 넣고 적당한 농도에 될 때까지 졸인 후 추가로 버터와 소금, 후추로 마무리한다.

18) 카스티야 소스(Castelan Sauce)

마데라소스에 토마토와 다이스한 파프리카와 햄으로 넣는다. 추가로 버터와 소금, 후추로 마무리한 소스이다.

19) 프란체스코 소스(Franciscan Sauce)

거위 간 퓨레와 채 썬 블랙 트러플로 가니쉬한 마데라 소스이다.

20) 페리고드 소스(Perigord Sauce)

마데라 소스에 다진 트러플을 넣어 끓인 소스이다.

21) 모카 소스(Moca sauce)

 재료 : (사용 가능한 소스 1L에 맞추어)

데미글라스 200ml, 토마토 케첩 300g, 양파 10g, 올리브 오일 20ml, 버터 10g, 간장 10ml

 조리방법

1. 데미글라스에 모든 재료 넣고 끓인다.
2. 마지막에 소금, 후추로 간한다.

22) 피컨트 소스(Piquant Sauce)

 재료 : (사용 가능한 소스 1L에 맞추어)

다진 샬롯 1개, 타라곤 10g, 드라이 화이트 와인 120ml, 데미글라스 200ml, 다진 파슬리 15g, 타라곤 15g, 다진 피클 30g

 조리방법

1. 샬롯에 와인과 식초를 넣고 3/4 양이 될 때까지 졸인다.
2. 여기에 데미글라스를 넣은 후 적당한 농도가 될 때까지 끓이고 마지막에 허브와 피클을 넣는다.
3. 추가로 버터와 소금, 후추를 넣어 마무리한다.

23) 포트 와인 소스(Port Wine Sauce)

 재료 : (사용 가능한 소스 1L에 맞추어)

저민 샬롯 1개, 타임 1줄기, 월계수잎 1개, 포트와인 180ml, 레몬과 오렌지 1개의 주스와 제스트(껍질 썬 것), 데미글라스 200ml

조리방법

1. 샬롯, 타임, 월계수잎, 포트와인, 제스트, 레몬주스를 모두 자루 냄비에 넣고 양이 3/4이 될 때까지 졸인다.
2. 여기에 데미글라스를 넣어 적당한 농도가 나올 때까지 끓인 후 거른다.
3. 추가로 버터와 소금, 후추로 마무리하며, 야생 오리 요리에 같이 낸다.

24) 머스캣어 소스(Musketeer Sauce)

다진 타라곤과 파슬리로 가니쉬한 프로방스 스타일의 데미글라스 소스이다.

25) 리슐리우 소스(Richelieu Sauce)

데미글라스에 화이트 와인, 치킨 스톡, 트러플 에센스를 졸인 국물을 넣고, 마지막에 마데라 와인과 버터와 소금, 후추로 마무리한 갈색 소스이다.

26) 루비 소스(Ruby Sauce)

데미글라스에 포트와인과 오렌지주스 농축액을 넣어 맛을 낸 갈색 소스이다.

27) 세이지 소스(Sage Sauce)

데미글라스에 세이지를 와인에 졸인 소스를 첨가한 후 마지막에 세이지 다진 것을 넣은 갈색 소스이다.

06 브라운 소스에 얽힌 이야기

　브라운 소스는 오래된 소스 이름이다. 우리말로는 갈색 소스이고, 일본말로는 도비 소스라고 한다. 브라운 소스는 색으로 분류할 경우에 맞는 말이다.
　소스의 종주국인 프랑스에서는 1950년대에 '에스파뇰 소스'라고 불렀다. 파생 소스로는 대표적인 소스가 deme-glace 소스가 있다. 요즘은 모두 양식 셰프들도 데미 그라스를 모체 소스로 사용하고 있다. 이 용어는 전문가들만의 영역이고 일반인은 브라운 소스 또는 데미그라스 소스라고 말한다. 업계에서 많이 쓰는 갈색 모체 소스는 5~6개 정도 존재한다. 요즘은 파생 소스가 모체를 중심으로 다양하게 존재한다.
　프랑스에서 공부할 때(1984년) 선생님들은 이 소스를 모두 혼드보 또는 에스파뇰이라고 말했다. 이 말은 송아지 육수 소스라는 뜻인데, 이것을 반으로 졸인다고 해서 데미그라스라고 말한다.
　용어에 대해 너무 심각하게 논할 필요는 없다. 소스 전문가들이 분류를 하고 연구하다 보니 일반 초보자들은 헷갈리는 것이 맞다. 나도 평생 소스와 씨름하지만 이제 용어 정리를 할 정도이다. 갈색 육수를 이용한 소스를 가지고 박사논문 쓸 때는 브라운 소스 논문이 거의 없었다. 몇 편의 기초 소스가 있었을 뿐이다.
　브라운 소스를 연구하고 싶어서 다양한 방법으로 자료를 정리했는데, 재미있는 것은 전 세계에 서양 소스 책이 내가 알기로는 20권이 안 된다는 것이다. 내가 박물관에 15권을 기증했지만 외국에서는 소스를 우리처럼 연구하지 않는다. 우리는 이상하게 소스에 집착하는 것 같다.
　필자는 이 책을 통해서 소스의 역사, 연구과정, 소스 개요, 요즘 트렌드, 클래식 소스의 소개, 파생 소스에 얽힌 이야기 순으로 정리할 예정이다.
　내가 2002년 브라운 육수에 관한 연구로 박사를 받은 후 많은 분들이 브라운 소스 연구를 했다. 그 중 서원대에 있던 김동석 교수는 데미그라스에 관련한 20여 편의 논문으로 가장 많은 연구 실적을 남겼다.

김 교수를 1999년에 만났다. 그 당시 나는 경주대에 있었고, 김 교수는 영남대 대학원생으로 기억한다. 그때부터 나와 함께 브라운 소스 연구를 계속해 왔다. 그는 박사 논문도 브라운 소스 중에서 데미그라스에 대해서 썼다.

2006년에 쓴 데미그라스 구매 수용 태도의 연구를 보면 전체적으로 조리경력이 높을수록 시판되는 데미그라스 소스의 평가가 낮았다. 그러나 많은 셰프들이 시판 소스와 섞어 쓰는 것을 선호하고 있다는 결과도 나왔다. 이는 셰프들이 편리성과 노동력의 절감, 저렴한 가격 등에 원인을 두고 있다는 결과였다.

이러한 연구 외에도 김동석 박사는 소금 첨가량에 따른 데미그라스 관능적 평가 분석하여 소스에 0.3%의 소금양이 최적의 소금양이라는 결과를 얻었다.

이 외에도 루의 첨가량에 따로 이화학적, 및 관능적 특징을 규명했다.

두 번째로 많이 연구한 분은 이종필 교수인데 이종필 교수의 건조 방법에 따른 브라운 소스의 품질 특성 연구를 살펴보면, 서양은 외식에서 가공제품이 90% 이상 차지하므로 브라운 소스도 동결 건조시켜 향후 루가 들어가지 않은 맥당, 분말 과립 및 타블렛 제품이 요구된다고 주장했다. 즉석 소스 제조만을 강조할 것이 아니고 외부에서 기초 소스를 구입하고, 주방에서는 파생 소스를 잘 만드는 연구가 필요한데, 이유는 경제적인 면도 있지만 가공기술이 전에 보다 발달하고 있다는 점을 들고, 유능한 셰프는 기본은 충실히 지키되 발전해 나가는 소스 시장의 흐름도 이해해야 한다고 적었다.

이 두 사람 외에도 데미그라스 소스 연구는 많다. 대개는 농후제 첨가에 따른 관능적 평가가 많았다. 포도주, 홍국, 향신료, 버섯분말 토마토, 젤라틴, 청국장 분말 등을 데미에 넣어서 연구한 실적이 많았다.

요즘도 브라운 소스에 대한 연구는 꾸준히 이루어지는 것 같다. 서양 요리에서는 스프를 제외한 모든 요리에 소스를 필요로 한다. 그래서 소스가 매우 중요한데 소스의 역할은 요리의 향미를 더해주는 효과도 있지만 맛을 좋게 할 뿐 아니라 시각적인 면도 많이 차지한다. 소스는 식욕을 증진시키고, 요리의 색상을 좋게 하며, 향신료 등의 첨가로 영양과 향을 좋게 한다.

소스가 첨가되므로 요리의 품질이 향상된다는 것은 누구나 알고 있는 사실이다. 그렇기 때문에 서양에서는 소스의 중요성이 부각되곤 한다. 그리고 소스의 개념을 이해하고 연구해야 하며, 조리원리, 식품의 특성을 고려하지 않고 20~30가지의 좋은 재료를 넣는다고 요리의 맛이 좋아지는 것은 아니다.

브라운 소스 개발

요즘 우리나라에서도 소스의 필요성에 대하여 많은 사람들이 연구하고 있다. 얼마 전 후배 조리사가 갈색 소스에 한방약재를 넣어 만든 소스를 가져왔다. 의도는 좋았지만 시식 결과 이것은 몸에 좋은 약재를 많이 넣어 약 냄새가 강하기 때문에 고객의 입장에서 보았을 때 실제로는 호불호가 강할 것 같았다.

소스를 잘 만들기 위한 몇 가지의 방법을 제안해 보면 먼저 소스 개발은 이론보다는 실제 경험이 필요하다. 특히 고객에 맞는 입맛을 찾아야 한다. 이것은 주방장 혼자서는 안 되며, 주인과 같이 고객에 맞는 소스 개발이 중요하다. 굳이 대기업에서 만드는 소스, 호텔 주방장 특별 소스가 필요한 것은 아니다. 소스 개발을 위해서는 부단한 노력이 필요하다. 장사가 잘되는 집의 소스를 집에 가져다가 분석하여 똑같이 만들었을 때 어떤 소스를 원조로 볼 것인가에 관심을 가져야 한다. 손님의 입장에서 보면 당연히 전자의 음식에 후한 점수를 줄 것이다.

소스 개발은 자신의 식당에 맞는 소스 개발이 중요하다. 소스 개발에 경험이 중요하다고 했는데, 더 중요한 것은 손맛이라고 말하고 싶다. 즉 많은 실험에 의해서 소스 개발을 해야 한다. 보잉 747 비행기는 747번의 실패 뒤에 만들어진 것이라고 한다. 소스 역시 50번, 100번의 실험이 필요하다. 소스를 만들려면 소스의 안정성, 아이디어, 맛, pH, 상품성 등을 조사해야 한다.

장사가 잘되는 집의 소스는 오랜 시간 동안 소스 개발의 노력으로 이루어진 결과이지 단순히 할머니가 해먹던 방법으로 오랜 시간 장사를 했다고 해서 오래도록 인기를 유지하는 것이 아니다. 그 집에는 다른 집에 없는 무엇인가 특별한 조리법, 특이한 식

재료, 그리고 주인만 아는 향신료의 첨가 등이 있어 오랜 시간 유명세를 유지한다.

외지인들이 보았을 때 맛이 없는데, 왜 동네 사람들은 맛있다고 하는지 모르겠다는 이야기를 들을 수도 있는데 이것은 고객들의 지리적·환경적으로 접한 음식이기 때문에 그럴 수 있다.

고객의 입맛은 기준이 없다. 그래서 좋은 소스를 만들려면 최소한 염도와 당도 정도는 정해서 주관 있는 소스 개발을 해야 한다. 실제 요리 업무에 있어서 소스 품질 향상 방안을 검토해 볼 필요가 있다.

막내들이 알고 있는 브라운 소스

신라호텔 근무 시절, 나는 막내들에게 많은 것을 요구했었다. 무엇이든 열심히 할 것, 안전에 특히 신경 쓸 것, 수첩을 가지고 다니면서 선배들이 하는 일을 적을 것, 항상 이런 식으로 공부해야만 훌륭한 셰프가 된다고 잔소리를 많이 했다.

우선 막내의 하루 일과 중 가장 중요한 것은 그 날 사용할 식재료를 수령하는 것이다.

이때 식재료에 대한 상식과 용도, 가격, 특징적인 맛 등을 학습해두면 식품학을 따로 공부하지 않아도 된다. 또한 식재료의 선입선출이 잘 이루어지도록 창고의 정리정돈을 잘 해둬야 한다.

두 번째로 중요한 일은 청소와 기물에 대한 청결을 유지하는 일이다. 일을 제대로 배운 사람이라면 본인이 사용한 기물은 자신이 직접 닦아서 쓴다. 그러면 막내가 할 일이 줄어든다. 그러나 일을 잘못 배운 선배는 자기가 쓴 냄비도 본인이 닦지 않고 막내만 시킨다.

세 번째 일은 식재료 손질이다. 요즘은 전 처리 주방이 따로 있어서 편리지만 과거에는 양파 까는 일부터 모든 일을 막내가 했다.

네 번째는 육수 끓이는 일인데, 이것은 단순 조리라 대부분의 선배들이 하기 싫어하는 일이다. 이때 육수에 대한 이론과 실제를 완벽히 정리해두면 나중에 자신의 재산이 된다. 필자는 육수를 끓이면서 <소스의 이론과 실제>라는 책을 썼다. 이 일을 관심 없이 대충하고 지나가면 나중에 실력 없는 셰프가 돼버린다.

미국 대사관에서 막내로 일을 할 때 나는 선배님들에게 야단을 맞으면서도 노하우를 적어 보았다. 어떤 것은 책을 보고 배운 것도 있지만 대개는 구전으로 내려오던 이야기를 적은 것이 많다. 지금 보면 틀린 것도 있지만 그 당시는 나에게 최고의 족보 수첩이었다.

이것을 후배들에게 전달하고 싶어 공개해본다.

- ▶ 갈색 육수를 만든 후에 갈색 루를 넣으면 에스파뇰 소스가 된다.
- ▶ 갈색 육수를 1/2로 줄여서 루를 넣으면 데미그라스가 된다.
- ▶ 채소를 갈색으로 볶다가 레드와인 넣어서 끓이면 맛이 좋아진다.
- ▶ 샤롯을 사용하면 맛이 좋아진다.
- ▶ 양파는 단맛이 나서 소스에 적합하지 않다. 대신 대파 흰 부분이 좋다.
- ▶ 소스를 끓일 때 생 포도송이를 넣으면 단맛이 난다.
- ▶ 뼈는 구워서 넣는다. 그래야 비린내가 제거된다.
- ▶ 토마토는 꼭 들어가야 갈색 소스 맛이 난다.
- ▶ 향신료는 월계수, 다임이 꼭 들어가야 한다.
- ▶ 팬 가장자리 붙은 찌꺼기는 모두 넣어야 맛이 난다.
- ▶ 좋은 소스는 약간 탄맛이 나야 나중에 재료를 넣었을 때 오묘한 맛이 난다.
- ▶ 채소를 잘 볶으려면 정제 버터가 좋다.
- ▶ 베이컨 기름은 소스를 맛있게 한다.
- ▶ 갈색 육수는 뼈와 고기가 2:1 비율로 들어가야 맛이 난다.

다음은 그 당시 내가 높은 셰프가 되면 꼭 실험해보고 싶었던 내용도 있어서 소개해본다.

- ▶ 칡 전분 옥수수, 감자 전분. 루를 넣어 소스 맛을 비교해본다.
- ▶ 버섯 많이 들어간 소스는 옥수수 전분이 좋다고 한다. 단점과 단점 찾기
- ▶ 루 만들 때 버터와 중력밀가루
- ▶ 라드기름과 중력밀가루
- ▶ 베이컨 기름과 중력밀가루
- ▶ 올리브오일과 중력밀가루
- ▶ 들기름과 중력을 넣어서 루를 만들어 본다.

이상이 나의 소스 노트에 기록된 내용이다.

나는 그 당시에 주방 업무에 관한 내용을 써서 잡지에 투고한 적이 있었다. 솔직히 이때는 일이 힘들어 어떤 것도 하기 싫었다. 그러나 이때 열심히 노력한 사람이 꼭 성공하는 걸 아주 많이 보았다. 소극적으로 일하지 않고 적극적으로 조리 지식을 체계적으로 정리할 수 있는 시간이 바로 막내일 때였다. 막내의 일은 유명한 마스터 셰프가 되어가는 필수과정이란 생각을 하면서 막내의 일을 마치기를 부탁하고 싶다.

나의 잔소리를 들으며 자라난 후배들이 지금은 한국을 이끌어가는 기둥이 된 것을 보면 참 자랑스럽다. 사명감을 가지고 큰 꿈을 꾸면서 일해야 훗날 웃을 수 있다. 꿈이 있어야 목표가 생긴다. 목표는 등불이라고 한다. 등불은 꺼지지 않는다. 이 불을 향해서 꾸준히 오랫동안 노를 저어가다 보니 도착지에 도착한다는 어떤 선배님의 얘기를 후배들에게 전해 본다.

레시피 노트(하태두 제공, 1960년, 한국 조리박물관 소장)

VELOUTE SAUCE

루(Roux)를
넣은 육수
베이스 소스

01. 벨루테 소스 개요
02. 벨루테 소스 트렌드
03. 벨루테 소스의 비밀
04. 클래식 벨루테 소스
05. 파생 벨루테 소스
06. 벨루테 소스에 얽힌 이야기

01 벨루테 소스 개요 Overview of Veloute Sauce

벨루테 소스는 스톡에 농후제를 넣어서 만든 맛이 우수하고 흰색이 나는 부드러운 질감이 특징인 소스를 통칭한다. 이 소스는 브라운 소스 다음으로 많이 이용된다. 이 소스에 쓰이는 스톡은 주로 닭, 생선 소고기가 있다. 외국 서적을 보면 송아지 육수 단어가 많은데 우리는 없으니 소고기 육수로 대신 한다. 이 소스는 화이트 스톡이나 생선 스톡에 루(Roux)를 사용함으로써 농도를 내며, 재료에 따라 많은 파생 소스를 만들어 낼 수 있는데, 그 이유는 화이트 스톡이나 생선스톡이냐에 따라 생산되는 벨루테가 다르고 생산된 각각의 벨루테에서 파생되는 소스가 또 나누어지기 때문이다.

벨루테 소스를 좀 더 풍미있고 부드럽게 생산하기 위해서는 본래의 맛을 좌우하는 스톡의 품질이 제일 중요한데, 스톡은 그 재료의 본래 맛이 부드러우면서도 깊게 배어 있어야 한다. 또, 벨루테 소스를 생산할 때에는 자연스러운 육수 향이 깃들게 해야 하고 색은 밝은 상아색을 유지하며, 맛이 깊어야 한다. 농도는 요리에 사용된 재료를 덮을 수 있고 소스가 음식에 충분히 묻어나 요리와 같이 맛을 느낄 수 있어야 한다.

닭 벨로테 소스는 닭 육수에 루를 첨가하는 것이 기본이다. 대표적인 소스로는 슈프림 소스라고 말한다. 이 소스는 닭 요리에 많이 사용한다.

질 좋은 벨로테 소스를 만들려면 맛있는 육수가 준비되어야 좋은 소스가 제조된다. 육수를 1/3 정도 줄여서 소스를 제조해야 제 맛이 난다. 기본 육수는 재료 본래의 맛에 충실해야하기 때문이다. 닭의 경우 원가 때문에 닭 뼈만 가지고 육수를 제조한다든지 저렴한 재료를 쓸 경우 벨로테 소스의 질은 보나마나 저질의 소스가 만들어지기에 최종적으로 손님의 테이블에 제공되는 소스의 수준은 저하된다.

생선 벨로테는 생선 육수에 루를 넣고 만든 것을 말한다. 대표 소스는 백포도주 소스가 있다. 소고기 벨로테는 육수에 루를 넣고 만든 것을 말한다. 대표 소스는 알만드 소스라고 말한다. 이 소스에 쓰이는 루는 화이트보다는 블론드가 맛에서 더 우수하다. 이 소스를 특별한 요리에 사용하려면 벨루테 소스에는 향신료 넣은 백포도주(vermouth)

를 졸여 첨가하는 것이 좋다.

    농도는 프랑스에서는 달걀노른자로 하는 걸 선호한다. 요즘은 생크림을 졸여서 넣는 경우도 있지만 고소한 맛을 내려면 루가 들어가는 것이 좋다.

루(Roux)를 넣은 육수 베이스소스

02 벨루테 소스 트랜드 Veloute Sauce Trend

벨루테 소스는 육수에 루를 섞어 만드는 가장 기본적인 방식으로 만드는 소스이다.

보통 치킨 스톡을 사용하여 만들고 닭요리에 많이 사용하다보니 벨루테 소스는 치킨 스톡만 사용하는 것으로 많이 알려져 있지만 용도에 따라 생선 육수나 해산물, 송아지 또는 소고기 육수, 그리고 버섯 등 채소 육수까지 모든 육수로 만들 수 있으며 보통 기본적인 육수에 약간의 향미 채소나 양파 등을 넣어 맛을 보강한 후 사용한다.

고전 프랑스 요리 레시피를 보면 벨루테 소스는 메인 요리에 곁들이는 소스뿐 아니라 치킨 프리카세 등 전통적인 스튜의 소스로 사용하거나 다양한 재료를 넣어 스프로 제공하기도 하고 갑각류 육수에 루를 풀어 전채요리에 사용하는 등 다양하게 활용도가 많은 소스였다. 하지만 우리나라 호텔이나 레스토랑에서는 생선이나 치킨 요리에 사용을 하는 경우 가끔 사용할 뿐 벨루테 소스를 활용한 메뉴는 많지 않다. 가끔 치킨 벨루테 스프나 채소 벨루테 스프 등으로 제공을 하거나 뜨거운 전채요리의 소스 등으로 사용되기도 한다.

그 이유를 생각해 보면 우선 육수를 사용하는 소스이다 보니 맛이 다른 소스에 비해 약하고 보존 기간이 짧으며, 가금류 보다 소고기, 돼지고기 등 육류를 선호하는 우리나라 사람들의 입맛에 맞는 육류와 잘 어울리는 진한 맛의 소스를 주로 만들어 사용하였기 때문일 것이라 추측이 된다.

레스토랑에서도 소스의 질감과 맛을 가볍고 섬세하게 만들어 사용하다 보니 루를 사용하는 경우가 점점 적어지고 육수를 사용하여 소스를 만들 때도 졸여서 맛을 진하게 농축시킨 육수에 버터를 섞어 농도를 주어 사용하거나 살짝 거품기로 쳐서 올린 생크림을 서비스 직전에 가볍게 섞어 사용하기 때문에 벨루테 소스 사용이 더 줄어들고 있는 것이라 생각한다. 최근에 발간된 외국의 요리책을 보더라도 메인 메뉴에 벨루테 소스를 함께 사용한 요리는 그리 많지 않다.

반면 최근 몇 년간 (인터넷을 찾아보면) 가벼운 브런치나 채소 요리 등 건강식 요리들이 식생활의 중요한 비중으로 등장하면서 벨루테 소스를 활용한 요리들을 많이 찾아볼 수 있다. 데친 아스파라거스와 부드럽게 익힌 닭 가슴살에 맛이 부드러운 치킨 벨루테 소스를 곁들이거나 익힌 채소와 곡물에 기름기 없이 익힌 닭고기나 흰 살 생선 등을 곁들여 벨루테 소스와 함께 먹는 건강식 요리들을 찾아볼 수 있는데 만들기 쉽고, 맛이 부드러우며, 칼로리도 상대적으로 적고 다양한 식재료와 곁들여도 잘 어울리는 벨루테 소스의 장점을 잘 살린 요리들이다.

 이렇듯 전통적인 요리가 현대 요리스타일로 재해석되고 현대인의 입맛에 맞게 맞춰 다양하게 만들어져 제공되기도 하지만 벨루테 소스는 그대로 또는 다양한 파생 소스로 만들어져 사용되고 있다.

-송용욱 셰프-

03 벨루테 소스의 비밀 The Secret of Veloute Sauce

백포도주 소스(Sauce au vin blanc: 방 블렁 소스)는 버터 소스에서도 살짝 언급하겠지만 여기서는 어떻게 하면 더 맛있는 백포도주 소스를 만들 수 있는지에 대해 현장에서의 경험을 토대로 이야기해 보겠다.

우선 결과적으로 맛있는 백포도주 소스는 소위 드라이한(달지 않은) 백포도주가 농축되고 생선 육수의 감칠맛과 크림과 버터의 유지방의 풍미가 잘 어우러진 따뜻하고 고급스러운 맛을 내야 할 것이다. 이런 맛있는 백포도주 소스가 만들어지는 과정에 예전 고전 레시피를 보면 농후제(루 또는 베흐마니에)가 있는데 이는 아마 레시피를 만들 당시의 요리의 제공 형태가 연회장 요리이거나 많은 인원이 나누어 먹게끔 큰 접시에 적어도 10인분 정도씩 담아내기 위한 레시피였을 것이다. 이럴 경우 특히 소스는 제공되는 온도와 농도가 중요했기에 필히 농후제를 사용했으리라 짐작한다.

그러나 현재 레스토랑에서 만들고 있는 다른 많은 소스들과 마찬가지로 백포도주 소스도 별다른 농후제를 사용하지 않고 만드는 경우가 많다. 잘게 다진 샬롯과 드라이한 백포도주, 와인 식초를 같이 담아 바닥이 보일 정도로 농축시킨 뒤 생선 육수를 넣고 또 거의 바닥까지 농축시키고 크림을 넣고 농도가 생겨 걸죽할 때까지 끓여서 고운 체에 거른 후 다시 약한 불에 올려 잘게 자른 차가운 버터를 거품기로 잘 섞어서 매끈하고 윤기나는 소스를 기본으로 만들어 사용하고 있다.

이때 완성된 소스가 와인의 향이 약하다고 느끼면 접시에 담기 전에 드라이 마티니 몇 방울을 첨가해서 맛을 내면 훌륭한 백포도주 소스가 된다.

그리고, 생선 육수가 없을 경우에는 크림을 넣기 전에 생수를 두 스푼 정도 넣고 위의 과정대로 만들면 집에서도 백포도주 소스를 만들 수 있다.

-장병동 셰프-

04 클래식 벨루테 소스 Classic Veloute Sauce

기본적인 벨루테 소스 Basic Veloute Sauce

벨루테 소스는 화이트 루에 맑은 육수 또는 생선 육수 등을 넣어서 만든 소스이다. 그뿐만 아니라 들어가는 재료 및 육수에 따라 여러 가지 파생 소스를 만들어 낼 수 있는 기본적인 모체 소스이다.

재료 : (산출량 200ml)

밀가루 : 50g
소금 : 약간
버터 : 50g
후추 : 약간
닭 육수 : 100ml

조리방법

1. 넓은 팬에 버터를 녹이고 밀가루를 첨가하여 약 5분간 약한 불에 볶아서 화이트 루를 완성한다.
2. 완성된 루에 차가운 닭 육수를 천천히 넣어가며 휘핑기로 잘 저어 소스의 농도와 점도를 맞추어 준다.
3. 약 10분간 약한 불에서 끓여내며, 마지막에 소금과 후추로 간을 한다.
4. 익혀진 소스를 고운체에 걸러서 최종적으로 소스를 완성한다.

출처 : Les Sauces Recettes et Conseils Pratiques,
COMPAGNIE PARISIENNE D`EDITIONS TECHNIQUES & COMMERCIALES, PARIS, FRANCE.

슈프림 소스 Supreme Sauce

"캔버스가 화가의 필수품인 것처럼 닭고기는 조리사에게 없어서는 안 되는 중요한 재료이다." 이 말은 프랑스의 유명한 미식가겸 평론가인 브리야 샤바랭이 닭고기에 대해서 한 말이다. 닭 육수를 진하게 만들어 황금색 루(Roux)를 첨가하여 만든 모체 소스이다.

재료 : (산출량 150ml)

닭 벨루테 : 100ml
버터 : 3g
닭 육수 : 200m
소금, 후추 : 약간
생크림 : 30ml

조리방법

1. 준비된 닭 벨루테에 크림을 넣고 끓여 10분 정도 졸인다.
2. 거품을 걷고 고운 체나 소창으로 거른다.
3. 거른 소스에 소금과 후추로 간을 한다.
4. 차가운 버터를 작은 큐브(2cm X 2cm)로 썰어 첨가하고 소스의 농도를 조절하며 마무리한다.
5. 일부 주방장은 슈프림 소스에 레몬 즙을 넣기도 한다.

※ TIP:

- 닭을 주재료로 만든 대표적인 흰색 육수 소스로서, 여기에 사용되는 닭 육수는 파, 양파, 향신료만으로 진하게 뽑아서 사용한다.
- 슈프림 소스를 모체로 하여 파생하는 것으로 카레 소스, 크림 소스 등이 있으며 찜(poached)이나 로스트 치킨(roast chinken) 등에 이용된다.

백포도주 소스 White Wine Sauce

이 소스는 생선 요리에 가장 많이 이용되는 생선 육수 모체 소스로 아주 중요하다. 만드는 법은 다양하다. 중요한 것은 생선 육수를 어떻게 만드느냐에 달려 있다. 필자가 고안한 5.3.2. 백포도주는 호텔에서 만들어본 경험을 살려 정리했고 생선 육수는 제자 강태구군의 실험에 의해 만들어진 것임을 밝힌다.

재료 : (산출량 5L)

생선 육수 : 5L
월계수 잎 : 3g
루 : 100g
생크림 : 3L
양송이버섯 : 500g
화이트 와인 : 700ml
이태리 파슬리 : 50g
소금 : 약간
후추 : 약간

조리방법

1. 생선 육수에 술과 양송이 기둥, 파슬리 줄기와 월계수 잎을 넣어 1/3 정도 은근 졸인다.
2. 졸인 생선 육수 색이 약한 갈색이 될 때까지 졸인다.
3. 생크림 온도가 너무 차면 분리될 우려가 있다.
4. 생크림을 넣고 끓일 때 실수로 생크림이 끓어 넘치면 소스의 맛과 농도가 잘 나지 않는다.
5. 생크림을 넣고 10분 정도 끓인 후 소금, 후춧가루, 루 등으로 농도와 간을 맞추고 고운체에 소스를 걸러서 식혔다가 사용한다.
6. 소스를 식힐 때 흐르는 물에 식히면서 주걱으로 계속 저어 주어야 맛있는 소스가 된다.

＊5.3.1 스타일 - 5L 소스를 만들기 위해 5L 육수, 3L 생크림, 1병의 백포도주가 들어간 다고 해서 초보자들에게 백포도주를 쉽게 가르쳐 주기 위한 방법이다.

※ TIP
- 백포도주 소스는 냉동시켰다가 사용하면 분리 현상이 일어난다. 루(Roux)를 많이 첨가하여 점도가 강한 소스를 만들어 냉동시켰다가 사용해도 되지만, 맛과 향이 떨어지므로 자주 만드는 것이 좋다.
- 하지만, 냉동보관을 꼭 해야 한다면 2~3L 정도씩 담아 보관하는 것이 무난하다.
- 백포도주와 생선 육수를 졸이다가 생크림 찬 것을 넣으면 분리되는 경우가 많이 발생한다.
- 소스의 농도를 맞춘 다음에는 오래 끓이면 안 된다.
- 생선 육수는 비린내가 나면 좋지 않다.
- 소스를 졸일 때 색이 검게 될 우려가 있으니 항상 조심해야 한다.
- 소스를 끓일 때는 불 곁을 떠나면 절대 안 된다.

알망드 소스 German Sauce

소고기 육수에 루(Roux)를 첨가하여 만든 모체 소스로 송아지 고기에 많이 사용된다. 알망드 소스는 주방에서는 많이 사용하지는 않지만, 꼭 알아두어야 할 소스이다. 특징은 달걀노른자로 마지막 농도, 색, 향, 맛을 조절한다.

 재료 : (산출량 0.5L)

비프 벨루테 : 100ml
넛맥 (육두구) : 약간
달걀 노른자 : 1/2ea
버터 : 50g

생크림 : 20ml

소고기 육수 : 10ml

레몬즙 : 1tsp

소금 : 약간

후추 : 약간

 조리방법

1. 벨루테를 40ml까지 끓여 졸인 후 소금 간을 하고, 믹싱 볼에 달걀노른자, 생크림, 레몬즙, 후추, 넛맥을 섞어 벨루테에 넣고 1분 정도 저으면서 익힌다.
2. 위의 소스를 고운 체에 걸러서 중탕(bain marie)하여 보관하고 서비스할 때 버터를 섞어서 마무리한다.

※ TIP

- sauce allemande(알망드 소스)는 sauce parisienne(파리지엔느 소스)라고도 한다.
- 농도를 맞출 때 달걀의 노른자가 익지 않도록 주의한다.
- 일단 농도가 맞추어진 상태에서는 다시 끓이지 않는다. 왜냐하면, 다시 끓임으로써 농후제에 덩어리가 생길 수 있기 때문이다.
- 비프 벨루테는 치킨 벨루테와 같은 비율이다.
- 달걀 노른자를 불에서 내려놓은 다음 식혀서 넣어 농도를 조절한다.

05 파생 벨루테 소스

닭 벨루테

1) 오로라 소스(Aurora Sauce)

슈프림 소스에 토마토 소스를 넣고 생크림으로 농도를 조절한다. 소금과 후추로 마무리한다.

※ 참고

- ▶ 닭, 생선, 송아지가 토마토 퓨레와 버터로 향을 낸 것
- ▶ Aurore는 프랑스 말로 새벽이나 아침을 뜻한다. 밝고 붉은 색깔을 띤 aurora 소스는 해돋이때 보이는 밝고 붉은 하늘을 본 뜬 것이다.
- ▶ Aurora 소스는 전형적으로 완숙달걀, 반숙달걀, 수란, 고기단자, 데치거나 볶은 가금류나 가벼운 고기류와 함께 제공된다.

2) 본템스 소스(Bontemps Sauce)

 재료

닭 벨루테 250ml, 양파 다져서 30g, 무염 버터 45g, 파프리카 2g, 소금, 백후추, 디종 씨 겨자 15g, 애플 사이다 180ml

 조리방법

1. 양파를 버터와 함께 몇 분 정도 볶은 다음 paprika, 머스타드, 사이다를 더해준다. 3/4 정도로 줄어들 때까지 끓여준다.
2. 벨루테를 더하고 적당한 정도가 될 때까지 끓여준다. 버터를 더하고 유화되도록 잘 저어준다. 걸러주고, 소금과 후추로 간을 한 다음, 구운 고기나 가금류와 함께 제공한다.

2) 로얄 소스(Royal Sauce)

 재료

닭 스톡 250ml, 무염 버터 45g, 닭 벨루테 500ml, 드라이 셰리 30ml, 송로 다져서 45g

 조리방법

1. 스톡과 벨루테를 반이 될 때까지 끓인 다음 크림을 더하고 조금 더 끓인다. 걸러내고 송로를 더한 다음 버터로 마무리한다.
2. 드라이 셰리로 마무리한다.

4) 치킨 크림 소스(Chicken Cream Sauce)

양송를 썰어 색 안 나게 볶은 후 준비한 슈프림 소스에 넣는다. 그리고 생크림과 레몬 주스로 농도 맞춘다. 소금, 후추로 간하고 파세리 다진 것을 뿌린다. 이 소스는 닭구이, 찜 요리에 많이 사용한다.

5) 알부페이라 소스(Albufera Sauce)

슈프림 소스에 브라운소스를 반반 섞는다. 그리고 소금, 후추로 마무리한다. 이 소스는 소 안심 요리에 활용한다.

6) 버섯 소스(Mushroom Sauce)

슈프림 소스에 양송이를 썰어서 마늘 넣고 색 안 나게 볶은 후 슈프림 소스에 넣고 생크림으로 농도 조절을 한다. 소금, 후추로 마무리한다. 이 소스는 닭 요리 생선에 활용한다.

생선 벨루테

1) 뒤글레르 소스(Duglere Sauce)

이 소스는 양파, 양송이를 다이스로 썬 후에 버터로 색이 안 나게 볶은 후에 백포도주 소스에 넣는다. 소금, 후추로 간하고 생크림으로 농도를 맞춘다. 가니쉬로 토마토를 곁들인다.

2) 노르망드 소스(Normand Sauce)

이 소스는 생선과 홍합 육수를 반으로 졸인 다음 백포도주에 넣는다. 농도는 계란 노른자로 맞추고 레몬주스와 생크림을 첨가한다. 추가로 버터와 소금과 후추로 마무리해서 사용한다.

3) 노일리 소스(Noilly Sauce)

대구 육수와 노일리 백포도주에 향신료(월계수, 다임, 양파, 파세리)를 넣고 졸여 백포도주에 넣는다. 끓인 후에 거른다. 추가로 파슬리 다진 것과 버터, 소금과 후추로 마무리해서 사용한다.

4) 마르세유 소스(Marseille Sauce)

백포도주 소스에 사프란 넣고 생선 육수, 레몬주스를 넣는다. 마지막에 버터와 소금 후추로 마무리해서 사용한다. 가니쉬로 토마토 다이스와 파세리 다진 것을 곁들인다. 일부 셰프는 타바스코를 넣는 셰프들도 있다.

5) 랍스터 소스(Lobster Sauce)

백포도주 소스에 바다가재 버터를 넣고 레몬주스와 생크림으로 맛을 낸다. 가니쉬로는 바다가재 꼬리살을 다이스해서 곁들인다. 추가로 파슬리 다진 것과 버터, 소금, 후추로 마무리해서 사용한다.

6) 샤프론 소스(Saffron Sauce)

샤프론 소스는 백포도주 소스에 생선 육수를 반으로 졸여 넣고 샤프론을 넣는다. 마지막에 레몬주스와 생크림으로 맛을 낸다. 이 소스는 생선 요리에 많이 사용한다.

7) 홍합 소스(Mussel Sauce)

이 소스는 홍합 육수를 반으로 졸인 다음 백포도주에 넣는다. 농도는 생크림으로 맞춘다. 추가로 버터와 소금·후추로 마무리해서 사용한다. 가니쉬로는 홍합을 곁들인다.

8) 굴 소스(Oyster Sauce)

이 소스는 굴 육수를 반으로 졸인 다음 백포도주에 넣는다. 농도는 생크림으로 맞춘다. 추가로 레몬주스와 소금 후추로 마무리해서 사용한다. 가니쉬로는 굴을 곁들인다.

비프 벨루테

1) 모카 소스 (MOCA Sauce)

 재료 : (1/2L 정도의 소스 양)

샬롯(다져서) 1개, 강판에 갈은 육두구 0.5g, 양송이 버섯(곱게 다져서) 3개, 달걀노른자 1개, 소고기 스톡 120ml, 헤비 크림 120ml, 레몬주스 45g, 소금, 후추, 소고기 벨루테 500ml

 조리방법

1. 샬롯, 버섯, 스톡, 레몬주스를 물의 3/4이 될 때까지 끓인다.
2. 벨루테와 육두구를 더한 후 5분 정도 끓인다. 걸러낸다.
3. 계란 노른자를 생크림과 함께 bowl에 섞는다. 소스를 천천히 더하며 계속 저어준다. 팬으로 돌아와 계속 끓여준 다음 적당히 시즈닝한다.

2) 엠프러스 소스(Empress Sauce)

독일 소스로 송로 진액과 chicken 글레이즈로 풍미를 내고 달지 않은 크림으로 마무리해 준 것

3) 리오네즈 소스(Lyonnaise Sauce)

송아지 벨루테를 화이트 와인과 다이스한 양파와 마늘의 리덕션으로 풍미를 내고 다진 허브로 가니쉬한 것

4) 빌레로이 소스(Villeroi Sauce)

독일 소스로 햄과 송로 껍질(혹은 햄과 송로 진액)을 앞선 리덕션에 더하는 것으로 만들어진 것.

5) 리셜루 소스(Richelieu Sauce)

독일 소스로 chicken 스톡에서 졸인 양파 리덕션으로 풍미를 내고 chicken 글레이즈로 마무리하며, 버터를 mount하고 처빌로 가니쉬한 것.

6) 양송이버섯 소스(Mushroom Sauce)

독일 소스에 양송이를 썰어서 버터에 색이 안 나게 볶은 후에 넣는다. 추가로 생크림으로 농도 맞추고 소금, 후추로 간하여 완성시킨다. 가니쉬로 파슬리를 다져 뿌린다. 이 소스는 생선 닭요리에 곁들인다.

7) 홀스레디쉬 소스(Horseradish Sauce)

독일 소스에 홀스레디쉬 크림 소스를 넣고 생크림과 레몬주스로 농도 맞춘다. 마지막에 소금과 후추로 간을 한다. 이 소스는 삶은 소고기 요리와 생선에 쓰인다.

8) 빌레로이 소스(Villeroi Sauce)

독일 소스에 송로버섯을 더져 넣고 육수로 농도를 조절한다. 마지막에 소금과 후추를 간한다. 이 소스는 빵가루 튀김요리에 사용한다.

9) 라비고트 소스(Ravigote Sauce)

백포도주와 식초를 반으로 졸여서 독일 소스에 첨가한다. 마지막에 소금, 후추로 간하고 타라곤과 실파를 다져서 가니쉬로 곁들인다. 이 소스는 닭찜, 생선찜 요리에 많이 사용한다.

06 벨루테 소스에 얽힌 이야기 Veloute Sauce

슈프림 소스 이야기

슈프림 소스는 벨루테 소스에서 파생되었다. 일반적으로 벨루테 소스는 루에 육수를 넣으면 벨루테가 된다. 이것이 진하게 되면 소스가 되고 연하고 묽으면 스프가 된다.

소스 분류에서는 특별히 루에다 생선 육수를 넣고 백포도주를 넣어 만들면 대표 소스가 백포도주 소스라고 말한다.

닭 육수를 루에 넣으면 슈프림 소스라고 말한다. 이 소스도 묽으면 닭 크림 스프가 될 수도 있다. 소고기 육수에 루 넣으면 알만드 소스라고 하는데 주방에서는 대개 닭고기 육수를 주로 사용한다. 닭 육수가 들어간 소스는 맛이 우수하다.

향도 좋을 뿐 아니라 가격은 저렴한데 맛은 가격 대비 좋기 때문에 많이 활용한다. 닭은 머리·목·다리만을 모아 육수를 만든 후 닭고기를 넣어 육수를 추가로 추출하면 육수가 진해서 스프와 소스를 인기가 좋다.

필자는 학생들하고 1박 2일로 놀러가는 일이 많았다. 외부에 가면 닭 몇 마리를 솥에 넣고 끓여서 고기는 닭백숙으로 먹고 남은 뼈와 육수는 다음날 아침에 닭죽을 만들어 후배들에게 주었다. 적은 돈으로 알차게 즐길 수 있었다.

20년 전에 E.C.A 후배들하고 지방에 닭백숙을 먹으러 간 기억이 난다. 시골농원인데 닭백숙을 먹고, 공도 차고 애기도 하면서 1박하면서 밤새도록 요리 얘기를 한 적이 있었다.

그 당시 우리나라 백숙에는 웬 부재료가 그렇게 많이 들어가는지 궁금했다. 당귀, 엄나무, 대추, 쌀 등 어떤 때는 옻나무도 들어간다.

양식에서는 간단하다. 월계수, 후추 정도를 넣고 닭의 진짜 맛을 우려낸다. 호텔에서는 닭을 1차로 삶은 후 닭을 꺼내서 닭 가슴살을 샐러드용으로 만든다. 당연히 닭 육수는 졸여서 닭과 관련한 소스를 만든다. 닭 육수는 닭발만 가지고는 절대 좋은 육수를 제조할 수 없다. 가슴살 고기를 넣어야 우수한 육수가 나온다.

프랑스에서 실습을 나갔을 때 닭을 오븐에 구운 후 가슴살을 떼어내어 다양한 요리에 사용하고 남은 뼈로 육수를 만드는 것을 보고 놀랐다.

육수가 흰색이 되지 않은 것 같았는데, 생각보다 색도 좋고 냄새나 농도가 좋은 육수를 제조하여 다양한 요리에 사용하는 것을 보았다. 육수를 다시 반 정도 졸인 후 약간의 루를 넣은 후 생크림으로 마무리하면 좋은 닭 크림 소스가 만들어진다.

내가 닭 육수를 만들어 다양한 요리를 제조하고 싶은 이유는 솔직히 닭은 가격이 저렴하여 실험하기가 좋기 때문이다.

학교에 있을 때 학생들이 밥솥을 가져와서 닭을 저온에 삶는 실험을 하는 것을 보고, 조리는 실험 조리를 해야 발전한다고 생각했다. 선배 조리사들은 선배들이 하던 방식 그대로 답습하는 것을 좋아한다. 후배들이 새롭게 시도해 보려고 하면 바쁜데 왜 쓸데없는 것을 하냐고 말한다. 때문에 좋은 후배들이 설 자리가 점점 좁아진다.

닭은 우리나라에 체인점이 세계에서 가장 많다고 한다. 84년 파리에 있을 때 림스치킨이 인삼 향을 넣은 닭튀김을 가져와서 닭요리 대상을 받는 것을 보고 닭은 개발할 것이 무궁무진하다고 생각했다.

닭 벨루테도 다양한 방법이 있을 것으로 생각한다. 조리법, 재료사용, 도구의 변형 등을 통해서 이 세상에서 누구도 맛을 내지 못하는 맛을 제공한다면 좋을 것 같다. '교촌치킨'에서 닭을 간장 소스에 접목하여 인기를 끄는 것을 보고는 양식에서는 닭을 가공하여 한국인에게 맞는 요리를 개발하면 좋겠다는 생각을 했다.

조리연구 단체

이런 연구를 위해 1985년, 프랑스에서 귀국하여 처음 조직한 A.C.F라는 조리연구 단체를 만들었다.

실은 이모임을 만든 것은 프랑스 유학을 다녀와서 신라호텔에서 근무를 하다가 어느 날 나 자신에게 질문을 했다. '너는 지금 어떤 목적으로 일하고 있느냐, 너는 무엇을

위해 일하냐, 너는 지금 어떤 생각으로 요리를 하고 있느냐.' 생각을 해보니 내가 이러면 안 되었다.

처음에 유학 갈 때는 '한국의 조리 발전을 위해 열심히 공부해보자, 우리나라가 아닌 프랑스에 가서 도전해보자.' 이런 생각을 하고 갔다 왔는데 와보니 현실은 그게 아니었다.

얼마 전에 출간된 에드워드 권의 자서전을 읽었는데, '선배님들의 질책과 시기들 때문에 한국을 떠나 해외에서 성공했다'라고 기술한 것을 보았다.

필자 역시 그와 비슷한 경험을 했지만 나는 가정이 있는 사람이었고, 우리나라의 현실을 그대로 인정해 주면서 노력해보자 생각했다.

그래서 만든 것이 'A.C.F'라는 '프랑스 요리연구회'라는 모임이었다.

회사에서 내가 공부한 것을 펼칠 수 없다고 생각하여 이 모임을 만들었다. 지금은 당시 선배님들의 의견을 절대로 오해하지 않는다. 왜냐면 그분들이 그동안 고생하면서 이루어 놓은 업적에 누를 끼치면 안 되고, 당시로선 그렇게 할 수밖에 없었을 것이라 생각한다. 당시의 조직문화, 우리나라 조리 업계의 위치 등을 이해하면 그 때의 나에 대한 편견과 오해 등으로 인해 겪었던 일들을 생각하면 참 어려운 일들이 많았다. 정말 남모르게 많이 울기도 했다. 때로는 동료 몇 사람과 같이 술을 마시면서 신세 한탄한 적도 많았다.

왜 내가 전문대를 나와 해외유학을 갔다 와서, 왜 가방 끈이 길어서(많이 배워서) '이런 고생을 할까'하는 생각도 많이 했다. 어떤 동료는 고등학교만 나왔어도 실력도 나보다 나은 것 같고, 아는 사람도 많아 성공하는데 나는 왜 이런지 생각해봤다.

그래서 연구회를 만들어 요리 수준을 높여 보려고 200여 명이 모여 활동했던 기억이 난다. 지금부터 35여 년 전의 일이라서 기억은 안 나지만 당시 의욕이 있던 셰프들은 모두 모였던 것 같다. 이병우, 최원기, 이상정, 신충진. 나영선, 정동희, 양진곤 등이 모여서 사심 없이 밤새면서 고생도 했지만 그때만큼 멋있게 연구모임을 해본 기억이 그 후에는 없었다. 몇 년 후에 셰프 13명이 유럽을 방문하고 돌아온 후 이 모임은 해체되었다.

너무 안타까운 마음에 다시 만든 모임이 에스코피에 요리 연구소(1990)다. 이 연구소 특징은 몇 가지가 있다. 당시에 여기에 들어오려면 결혼하지 않은 남자여야 하고,

직장이 있어야 자격이 있었지만 그 후 많이 바뀌었다.

한 기수에 3명만 입학시켜서 교육을 같이 했는데, 처음에는 염창동에서 매달 두 번씩 모여 혼자서 요리 교육을 시킨 것 같다. 그때 일을 도와준 홍갑진, 신충진 씨 등에게 고마운 마음을 전한다.

여기 출신 중의 한 명인 조우현 오너쉐프가 나를 본인의 멘토라고 하여서 방송국에서 인터뷰한 적도 있어서 보람을 느꼈다. 호텔에서 23년, 학교에서 22년 정도 교수로 있었지만 나를 멘토라고 만인 앞에서 밝힌 것은 처음이어서 기쁨과 미안함이 함께 어울렸다. 그에게 멘토가 될 만한 자격이 있나 생각해보았다. 그동안 많은 후배들이 나를 그들의 롤모델이라고 하는 사람은 많았지만 멘토 이야기는 처음 들었다.

앞으로 학교를 떠나서도 요리 박물관을 만들고 나에게 조언을 듣고 싶어 하는 후배들에게 조언자가 되기를 기대하면서 또 다른 꿈을 꾸어본다.

이 모임의 역사를 돌이켜보면 올해로 30년이다. 가끔은 우리 연구소를 부러워하는 사람들이 있다. 오랜 전통도 있고 좋은 후배들이 있어 든든하겠다고 부러워한다. 맞는 말이다. 1기는 나이가 50이 넘어간다.

1991년에 싱가포르 요리대회를 참가해서 메달도 받고, 학술발표회도 가진 기억이 난다. 2000년에는 에덴의 집에 가서 봉사를 했다.

회원이 많을 때는 30명씩 간 적도 있었다. 2004년에는 책도 저술했다. 2008년에 조우현 조리명장이 연구소장을 하면서 비약적인 발전을 했다. 2011년에는 에스코피에 국제멤버가 되면서 장병동, 송용욱, 이재현, 고승정, 이원복, 이홍구, 김준식, 이지웅, 남기천, 최소라, 양수현, 박민혁, 이지혜, 전득표, 강주형, 박종서, 권순우, 배승현 등이 활발한 모임을 가졌다.

2013년에는 캐나다 소고기 세미나도 갖게 되었으며, 2014년부터는 매년 영 에스코피에 요리대회를 개최하여 수상자를 배출하고 있고, 2015년에는 홍보책자도 제작했다. 앞으로 조리 발전을 위해 더 많이 노력하겠다고 다짐해본다.

E.C.A 회원들하고 맛있는 유명한 드레싱을 만들어 판매하고 싶은 마음도 있다. 풀무원이나 기타 회사와 공동 연구 작업을 통해 사업을 한다면 모두 좋은 경험을 가진 최고의 전문가들이기에 세계인들이 선호하는 소스 개발이 가능하리라고 본다.

　닭 육수 소스를 가지고 연구도 가능하다고 본다. 닭을 이용한 죽, 소스, 스프 등에 관한 연구를 토론과 실습을 통해서 발전시킨다면 더 좋은 효과가 있을 것이다.

　회원들 중에는 아주 우수한 인재들이 많이 존재한다. 이들에게 좋은 길로 방향을 잡아주는 선배가 되어야하는데, 요즘 현장의 분위기가 좋지 않다. 모임을 가질 여유가 없다. 우리 E.C.A도 초창기에는 회사에 이야기도 못하면서 몰래 만났던 기억이 난다. 지금 생각하면 참 어리석은 일이다.

　한번은 조선일보 기자가 지금 진행하고 있는 일이 좋은 일이니 전국에 알리는 것이 어떠냐고 하는데 내가 반대했다.

　나하고 같이 연구한다면 그 사람이 직장에서 왕따가 되는 경우가 있어 반대했다. 요즘은 그런 일은 없는데 코로나19와 개인주의, 인터넷으로 인해 직접적인 연구모임이나 인맥관리가 불필요하기 때문에 주로 혼자 활동한다. 10년 후, 또는 20년 후면 그들의 노년은 조금은 후회할 수도 있다.

　젊었을 때 자극도 많이 받고, 열심히 노력하고 도전하여 큰 꿈을 향해 나아가야 한다.

백포도주 이야기

　다음은 백포도주 소스에 대하여 이야기 해보고자 한다. 나는 신라호텔에 근무시절, 콘티넨탈 레스토랑에서 근무할 때 이 소스는 경력이 많은 선배님만이 제조할 수 있는 권한이 주어졌다. 과거 선배님들은 이 소스를 만드는데 정성을 많이 쏟았다. 후배들에게 소스 노하우도 잘 전수해주지 않는 소스가 그 유명한 백포도주 소스이다. 초보들은 생선 육수 만드는 정도만 하고 베이직 소스는 따로 만드는 것을 보기만 했다. 그 후 몇 년이 흐른뒤에 나는 소스 담당이 되었다. 이 때 후배들에게 전수하고 싶은 내용을 정리한 것이 있어서 공개해 보면 다음과 같다.

- ▶ 백포도주 소스는 비싼 포도주와 싼 포도주 맛 차이가 나지 않는다.
- ▶ 백포도주는 생크림이 들어가야 맛이 난다.
- ▶ 백포도주는 1/3 정도 졸여야 맛이 난다.
- ▶ 백포도주 소스는 루 보다 베흐마니에가 좋다.

　그리고 이 당시 내가 실험해 보고 싶은 사항은 다음과 같다.

- ▶ 루를 덜 볶았을 때 소스 맛
- ▶ 탄 루 넣었을 때 소스 맛
- ▶ 올리브 기름으로 루를 볶는다.
- ▶ 참기름과 샐러드 오일로 루 만들어 넣는다.
- ▶ 우유 대신 물만 넣는다.
- ▶ 파스타 육수 넣는다.
- ▶ 비싼 백포도주와 싼 백포도주 맛을 비교해 본다.
- ▶ 와인을 나중에 넣는 것과 졸여 넣는 것을 비교해 본다.
- ▶ 백포도주에 적포도주를 반반 섞어서 만든다.

 루(Roux)를 넣은 육수 베이스 소스

이상은 그 당시 내 소스 수첩에 있던 내용을 적어 본 것이다.

나는 신라호텔에서 근무할 때 백포도주 레시피는 선배님들이 쓰던 레시피는 고수했다.

5L의 백포도주 소스를 위해서는 5L의 생선 육수와 1병의 백포도주를 넣어서 반으로 졸인 후 3L의 생크림을 넣어서 5L의 소스를 만드는 것이 그 당시 맛이 제일 좋았다. 그래서 그 후 부터는 소스는 비율로 재료를 준비했다.

한식이나 제과에서는 배합비의 비밀은 있지만 대개는 기본 배수를 정해놓고 약간씩 가감을 한다. 계절별이나 고객의 기호별로 조절을 잘 하는 셰프가 유능한 소스 전문가로 평가받을 수 있다.

가끔 소스 전문가가 되겠다고 나를 찾아오는 사람들이 있었다. "교수님은 어떻게 인기가 있을 줄 알고 미리 소스를 연구하게 되었어요? 저도 좋은 아이템을 주셔요."라고 요청하면, 나는 내가 소스를 배우면서 겪었던 이런 주방 이야기를 해준다.

백포도주 소스를 만들려면 최소한 프랑스 주방에서 10년 정도의 경력이 필요하다. 과거 조리를 처음 시작할 때는 그릇 닦는 것부터 했다. 그 후에 잔심부름을 하면서 2~3년 보내고 그 후에는 샐러드와 Soup을 담당한다. 이 일을 3년 정도 하다가 고기를 구울 정도가 되려면 7년 정도는 되어야 한다. 이것도 주방에서 인정받아야만 가능한 일이다.

실제로 소스 전문 셰프는 10년 정도는 해야 그 자리에 설 수가 있다는 게 내 경험이다. 그래서 주방장이 되려면 10년 이상의 경력을 가져야 초보 주방장이 된다고 생각한다. 나이도 35세 정도 되어야 가능하다. 큰 곳은 45세 넘어야 가능하단 생각이 든다.

요즘은 고등학교, 대학, 외국조리학교 학원, 전문학교에서 조리를 몇 년씩 배우고 현장에 투입된다. 그래서 현장에는 초보가 없다. 과거에는 일 배우려고 열심히 주방문을 두드렸지만 요즘은 고급 실업자가 생각보다 많다. 때문에 외국에서 공부한 셰프들도 창업하지 않으면 자리 잡기가 쉽지 않다. 그분들을 위해 조언한다면 소스 분야를 철저히 한 10년간 공부하고 실무를 경험하면 좋은 일이 있을 것으로 생각한다.

소스의 비밀 보따리

　나는 프랑스에서 요리 공부를 한 후 귀국하여 소스에 관한 연구를 꾸준히 했다. 그 당시는 남들의 관심이 없을 때였다. 지금은 소스 전문가로 알려져 있지만 그때는 그냥 셰프였다. 소스는 내가 프랑스에 있을 때 나의 인생의 스승이신 이철종 사장님의 가르침에 따라 연구하게 되었다. 소스로 인해서 나의 인생이 바뀌게 되었다 해도 과언이 아니다. 그분은 항상 "요리에는 소스가 가장 중요하다"하시면서 사장님만이 아는 소스의 비밀보따리를 풀어 주셨다.

　중국 요리와 프랑스 요리의 특징과 유사점을 가르쳐 주시면서 요리는 전통과 주관이 잘 조화가 되어야 예술적인 요리가 탄생한다고 했다. 또한 좋은 식당에 가서 많이 식사 해볼 것을 권하였다. 그 후부터는 책이나 주방장한테 소스 레시피만 나오면 모두 기록하여 모았다.

　그때 식당의 스타메뉴는 깐풍기(닭 날개 튀김)였는데 많은 고객들이 와서는 어떤 재료를 써서 소스를 만들기에 이렇게 맛있는 소스가 나오느냐는 질문을 많이 받았다.

　닭 날개 튀김은 누구든지 똑같이 만들 수 있는데 소스는 주방장마다의 솜씨이기에 비밀일수 밖에 없다. 나 역시 한림 식당의 깐풍기소스를 만드는 법은 알았지만 소스 배합비율을 정확히 알지는 못했다.

　나 자신이 남의 소스 비밀을 지켜주는 것이 예의이고, 이 소스의 비밀이 유지되어야 식당의 명성과 식당의 얼굴이 소스라는 것을 사람들에게 알릴 필요가 있다고 믿었기 때문이다.

　소스가 중요하다는 것을 안 다음부터는 소스에 들어가는 재료도 중요하지만 재료 넣는 순서, 불의 크기, 냄비 종류 등이 중요하다는 생각이 들어 그것에도 관심을 기울였다.

　하루는 식당에서 사장님하고 깐풍기를 먹으면서 소스를 맛있게 만들려면 어떻게 하면 되냐고 물으니, '네가 조리사냐'고 물으면서 '소스의 맛은 누가 가르쳐 주는 것이 아니고 본인의 세계에 하나뿐인 소스를 실험을 통해서 맛의 기준점을 찾아 만드는 것'이라 하셨다.

특히나 조리의 목적에 맞는 기준으로 계발해야 성공할 수 있다고 조언하면서 소스는 평생을 연구해야 하는 과제이니 그리 알고 열심히 노력하라고 하시면서 식당 한쪽에 붙어있는 낡은 액자를 가리켰다.

"이 글은 내가 이 식당을 개업하면서 한국의 이승만 대통령의 말씀인 '씨 뿌리는 마음'이란 글귀를 직접 썼다"고 하시면서 '한국에 귀국하여 많은 조리사들이 알고 싶어 하는 소스의 비밀을 전수하는 사람이 돼라'고 하셨다. 그 말은 씨 뿌리는 마음과 같은 의미 있는 말이라 생각하니 새삼 액자의 의미에 존경심이 더욱 더 생겼다.

귀국할 때 소스 종류를 모아 보니 500여 가지가 되었다. 그래서 소스를 프랑스식으로 분류하여 모체 소스와 파생소스로 분류하면서 호텔 주방에서 실험해 보았다. 실험해 보니 우리와 프랑스는 식재료가 달랐다. 그래서 250여 가지의 노하우를 곁들인 소스 모음집을 만들었다. 소스 모음집을 만들고 보니 자신감이 생겼다.

그동안 선배님들은 소스의 비밀을 가르쳐 주지 않았다. 예를 들어 술을 한번 사야 마요네즈 만드는 법을 가르쳐주고, 중요한 향신료 사용은 절대 비밀이었다. 중요한 소스 배합비율은 비밀이었다.

선배는 대개 혼자서 소스를 만들었다. 창피한 말이지만 후배들을 화장실로 보내고 혼자서 만들어 버리니 후배들은 배울 방법이 없었다. 이런 시절 내가 <소스의 이론과 실제>(1988년 4월 25일)라는 책을 출판했다. 책을 출판하고 코리아나 호텔에서 출판 기념회를 가졌다. 그동안 나에게 관심을 가져 주었던 친구들과 선배님에게 축하를 받았지만 파리에 계신 내 인생의 스승이신 이철종 사장님이 계시지 않아 서운했다. 그래서 <소스의 아론과 실제>의 서문에 '나를 여기까지 오게 하신 존경하는 이철종 선생님에게 이 책을 바친다'는 글로 마무리했다.

BECHAMEL SAUCE

우유 베이스 소스

01. 베샤멜 소스 개요
02. 베샤멜 소스 트렌드
03. 베샤멜 소스의 비밀
04. 클래식 베샤멜 소스
05. 파생 베샤멜 소스
06. 베샤멜 소스에 얽힌 이야기

우유 베이스 소스

01 베샤멜 소스 개요 Overview of Bechamel Sauce

베샤멜 소스(Bechamel sauce)는 흰 소스의 대명사로 불리우며 현대요리에는 절대적으로 빼놓을 수 없는 것으로 우유를 기초로 만든 육수 군에 속하는 크림 소스이다.

"Bechamel sauce는 루이 14세의 전속조리사 중의 한명에 의해서 최초로 만들어졌으나, 아마도 그것을 명예롭게 하기 위하여 어느 후작이 만든 것으로 꾸며서 그에게 영광을 돌렸을 것이다. 그래서 후작은 그 소스를 제 것인양 가로채서 그 최초의 창시자가 되었을 것이다"라고 한다.

오늘날의 베샤멜 소스는 버터와 중력 밀가루를 1:1로 넣고 볶은 화이트 루(White roux)에 우유 17배를 넣어 농도를 내고 약간의 양념을 첨가하여 만든 소스로 다양한 요리에 사용하고 있다.

베샤멜 소스를 보다 더 부드럽게 생산하기 위해서는 우유를 루(roux)에 넣었을 때 덩어리가 생기지 않고 완전히 풀어진 상태에서 양파와 향신료를 함께 넣고 끓인 후 간을 해야 한다. 이소스는 루 만들 때 밀가루 볶는 기술이 요구된다. 덜 볶으면 냄새나고 많이 볶으면 탄 맛이 난다.

마지막으로 중요한 것은 우유와 루의 맛이나 향이 지나치게 소스에 남아 있어서는 안 된다. 또 Bechamel sauce는 부드러운 촉감과 색은 짙은 크림색이어야한다. 농도는 다른 재료를 감쌀 정도여야 한다. 요즘은 생크림을 졸여서 사용하기도 한다.

02 베샤멜 소스 트랜드 Bechamel Sauce Trend

　베샤멜 소스는 크림 계열 소스를 만드는데 매우 많이 사용되는 모체 소스로 화이트 루와 우유로 만드는데 우리나라에서는 소스보다 베샤멜 소스를 베이스로 만드는 크림 스프로 더 먼저 알려지게 되었다.

　이 후 프랑스에서 만들어진 이 베샤멜 소스가 우리나라에 많이 알려지게 된 계기는 조금 특별하게도 이탈리안 레스토랑이 대중화된 시기부터이다. 90년대 파스타를 전문으로 하는 이탈리안 레스토랑이 많이 생겨나면서 국물 요리를 좋아하는 한국 사람들의 취향에 맞게 변형된 (까르보나라를 비롯한) 다양한 크림 파스타가 등장을 하게 된다. 이 때 크림을 사용한 파스타를 만들 때 사용된 기본 소스가 베샤멜 소스였다. 이탈리아 본토처럼 치즈와 계란을 사용하지 않고 베샤멜 소스와 우유, 크림 등으로 만든 부드럽고 고소한 크림 소스에 파스타면이 잠겨있는 까르보나라가 대중화되면서 지금도 까르보나라 스파게티는 크림 스파게티로 알고 있는 사람들이 있을 만큼 많은 대중들의 사랑을 받고 있는 파스타인데 최근에는 크림을 사용하지 않는 오리지널 까르보나라를 만들어 제공하거나 크림이 적게 사용되고 치즈와 계란으로 진하게 농도를 잡은 오리지널에 가까운 까르보나라 스파게티를 만드는 곳이 많아지고 있어 이탈리안 레스토랑에서 베샤멜 소스의 비중은 많이 줄어들고 있다.

　최근 호텔 또는 레스토랑에서는 화이트 루를 오븐에서 구워 대량으로 만들어 놓고 우유나 크림에 넣어 필요에 따라 베샤멜 소스를 만들어 사용한다. 보통 베샤멜 소스를 그대로 사용하는 것 보다 이를 모체로 채소나 치즈 또는 허브를 첨가하여 응용한 파생 소스로 만들어 사용하는데 메인 요리의 소스를 비롯하여 그라탕이나 가니쉬를 만드는 등 매우 다양한 용도로 사용하고 있다.

　이 베샤멜 소스는 다른 모체 소스와 다르게 소스 자체를 하나의 완성된 요리 아이템으로 사용할 수 있으며(크림 스프 등) 꼭 소스의 용도가 아닌 다양한 부재료로 사용될 수 있기 때문에 그 활용도가 다른 소스들에 비에 높은 편이다. 즉 무엇인가 찍어먹거나

우유 베이스 소스

　곁들여 먹는 소스의 역할도 하지만 우유를 더 넣어 크림 스프를 만들거나 진하게 만든 소스에 허브나 해산물을 넣어 섞은 후 토마토 등 채소를 곁들여 하나의 요리가 되기도 하며 까나페를 만들거나 채소로 밀푀유를 만들 때 중간에 접착 역할을 해 주는 용도로 사용하는 등 그 쓰임새가 매우 다양하다.

　2000년대 들어 외국 브랜드의 식재료 업체들이 본격적으로 들어오고 대형마트가 자리 잡으면서 다양한 반가공 또는 완제품의 소스들이 판매되고 소스를 전문적으로 제작 의뢰를 받아 대량생산하는 업체들이 생겨나면서 크림 소스 또한 완제품을 납품받아 사용하는 경우가 늘어나고 있다.

　일반적으로 호텔에서는 베샤멜 소스 등 기본적으로 소스를 직접 만들어 사용하지만 최근 오픈하는 소규모 호텔들은 인력과 시설을 최소한으로 활용하여 식음사업을 계획하고 운영하기 때문에 베샤멜 소스를 포함한 완제 소스를 사용하는 경우가 점점 늘어나고 있으며 완제품은 아니더라도 가공되어 판매되는 화이트 루(White Roux)를 사용하는 곳도 많이 있다. 이 루(Roux)는 녹두알 크기의 작은 알갱이 모양으로 만들어져 소분 사용이 편하고 뜨거운 우유에 잘 풀어지기 때문에 훨씬 빠르고 쉽게 베샤멜 소스를 만들 수 있다. 또한 건조된 것이라 유통기간이 길고 상온 보관이 가능해 보관과 사용이 매우 편리하다.

-송용욱 셰프-

03 베샤멜 소스의 비밀 The Secret of Bechamel Sauce

　베샤멜 소스란 흰색 루에 우유를 넣고 끓인 걸쭉한 농도의 소스로 주로 그라탕 요리나 크림 소스의 농도를 맞추는 용도로 많이 사용되는 소스이다.
　국내에서 처음 베샤멜 소스를 만들 때 외국 원서의 레시피대로 계량해서 만들어보면 소스의 농도가 원하는 대로 나오지 않는 것을 경험하게 되는데 이는 서양이나 유럽의 밀가루와 우리나라의 밀가루가 점성이나 탄력이 다르기 때문이다. 처음에는 주로 박력분을 계량해서 소스를 만드는데 동량의 버터를 가지고 루(Roux)를 만들어보면 잘 뭉쳐지지 않고 수분감이 많은 것을 느끼게 된다. 그래서 베샤멜 소스를 만들 때 우리나라에서는 레시피 분량의 중력 밀가루를 사용하면 적당한 농도의 루를 만들 수 있고 그로 하여금 베샤멜 소스도 서양에서 만든 것과 같은 질감의 소스를 만들어 쓸 수 있다.
　또 한 가지 재미있는 것은 프랑스에 있는 조리사 자격증 교재의 베샤멜 소스 만드는 법을 보면 루를 만들어 식힌 뒤 우유를 끓여 차가운 루에 조금씩 섞어주며 소스를 만들

어보라고 제시되어 있다. 우리는 보통 레스토랑 주방에서 별 생각 없이 루를 만들어서 뜨거운 루에 찬 우유를 섞으면서 베샤멜 소스를 만든다. 물론 뜨거운 루에 뜨거운 우유를 부으면 넘쳐흘러 사고가 날 것이다. 그런데 위의 차갑게 식힌 루에 한 번 끓은 우유를 천천히 섞으면서 소스를 만들면 왠지 뜨거운 루에 찬 우유를 섞을 때보다 훨씬 안정적이라는 것을 느낄 것이다.

   재료의 성질을 완벽하게 이해하고 재료와 재료를 혼합하거나 섞을 때 그 성질을 알고 그에 맞는 순서와 과정을 거쳤을 때 온전하게 맛있는 소스를 만들 수 있는 것이다.

   가장 기초적이고 기본적인 베샤멜 소스이지만 사용하는 밀가루에 대한 고민과 조리 방법에 대한 많은 고민을 통해서 우리가 만들 수 있는 최선의 베샤멜 소스가 탄생하게 된다고 믿는다.

-장병동 셰프-

외교 구락부 개업 메뉴(이경영 제공, 1958년, 한국 조리박물관 소장)

04 클래식 베샤멜 소스 Classic Bechamel Sauce

베샤멜 소스 Bechamel Sauce

베샤멜 소스는 삶은 생선 요리와 영국 방식의 채소 익힘 요리와 함께 곁들인다. 하지만 이 기본 소스를 이용하여 여러 가지를 추가하거나 첨가해(크림 스프, 고전적인 곁들임류, 크루통, 속을 채운 채소 등) 변화된 다양한 소스나 요리를 만들 수 있다. 과거에는 소고기, 삼겹살이 들어가는 것이 특이하다.

재료 : (1/2L 정도의 소스 양)

소고기 : 50g 또는 삼겹살 : 50g

양파 : 50g

당근 : 50g

부케가르니 (향초다발) : 10g

대파 : 50g

버터 60g

밀가루 : 30g

우유 : 3/4L

소금 : 약간

후추 : 약간

넷맥 (육두구) : 약간

조리방법

1. 밀가루는 고운체에 걸러 준비하고 양파, 당근, 대파를 작은 큐브크기(0.5cm X0.5cm)로 잘라서 준비한다.

 우유 베이스 소스

2. 냄비에 버터 30g을 녹이고 소고기 또는 삼겹살 및 준비된 양파와 당근, 대파를 약한 불에서 갈색이 나게끔 약 10분간 뚜껑을 덮고 익혀낸다.
3. 남은 버터 30g을 넣고 준비된 밀가루를 넣어가며 5분간 잘 볶아준다.
4. 화이트 루가 완성되면 우유를 조금씩 넣어가며 소스의 농도를 맞춘다.
5. 부케가르니를 첨가하고 약한 불에서 10분간 끓여낸다. 이때 소스의 바닥 면이 타지 않게 계속해서 저어준다.
6. 고운체에 소스를 거른 뒤 소금과 후추, 육두구 가루를 첨가하여 맛을 낸다.
7. 실온에서 완전히 식혀서 사용한다.

출처 : Les Sauces Recettes et Conseils Pratiques,
COMPAGNIE PARESEIENNE D EDITIONS TECHNQUES & COMMERCIALES, PARIS FRANCE.

05 파생 베샤멜 소스

1. 오로라 소스(Aurora sauce)

베샤멜 소스에 토마토 퓨레를 섞은 소스(소스 색은 분홍색)

2. 아비뇽 소스(Avigon sauce)

베샤멜 소스에 마늘 다진 것과 파마산 가루 치즈를 넣고 섞는다. 마지막에 노른자와 파슬리 다진 것을 넣고 마무리한 소스

3. 브랑톰 소스(Brantome sauce)

베샤멜에 샬롯 다진 것과 오렌지 술을 섞는다. 마지막에 가재 버터와 케이엔 고춧가루와 트러플 다진 것을 첨가한 크림 소스

4. 브레드 소스(Bread sauce)

우유에 빵을 넣고 양파와 같이 끓인 후 양파를 꺼내고 베샤멜 소스를 첨가한다. 마무리로 케이엔 고춧가루와 버터로 맛을 낸 크림 소스

5. 카디널 소스(Cardinal sauce)

베샤멜 소스에 생선 육수와 트러플 다진 것을 넣은 크림소스. 케이엔 고춧가루와 바다가재 버터로 맛을 낸 크림 소스

6. 셀러리 소스(Celery sauce)

잘게 썬 셀러리 1개, 닭 육수 2컵, 양파 1개, 월계수 잎 1개를 같이 끓인 후 걸러서 베샤멜 소스에 넣는다. 소금과 후추를 넣어 사용한다.

7. 셰어부어그 소스(Cherbourg sauce)

베샤멜 소스에 다진 샬롯과 샴페인으로 맛을 내고 마무리는 버터로 만든 크림 소스

8. 데니쉬 소스(Danish sauce)

닭 육수를 진하게 만든 것을 베샤멜 소스에 섞고 추가로 양송이 썰어 볶은 후에 세 가지(바질, 다임, 로즈마리) 향신료를 다져 넣은 소스

9. 딜 소스(Dill sauce)

베샤멜 소스에 레몬 주스를 넣고 딜을 다져 넣은 소스

10. 더치스 소스(Duchess sauce)

베샤멜 소스에 버터를 넣은 크림 소스

11. 홀스테인 소스(Holstein sauce)

백포도주와 생선 육수를 졸여서 베샤멜 소스에 첨가해 맛을 낸 크림 소스

12. 홀스레디쉬 소스(Horserasidish sauce)

생크림 200ml, 홀스레디쉬 5g, 식초, 소금, 후추 가루를 10동안 끓인 후 식힌 다음 베샤멜 소스에 섞는다. 마지막에 홀스레디쉬를 추가로 조금 넣는다.

13. 리크 소스(Leek sauce)

소고기 육수에 다진 대파와 곱게 다진 셀러리를 넣어서 충분히 끓여 체에 내려 퓨레를 만든다. 베샤멜 소스에 준비한 퓨레를 넣는다. 마지막에 소금, 후추로 간하여 사용한다.

14. 리오네즈 소스(Lyonnaise sauce)

양파와 마늘을 버터에 볶고 화이트 와인을 넣어 졸인다. 베샤멜에 준비한 양파를 넣고 소금과 후추로 간하여 사용한다.

15. 맹트농 소스(Maintenon sauce)

다진 마늘과 파마산 치즈로 맛을 내고, 양파 퓨레와 케이엔 고춧가루를 섞은 베샤멜 소스에 섞는다.

16 모카 소스(Moca Sauce)

베샤멜 소스에 우유, 레몬주스 넣고 체다 치즈를 첨가한다. 마지막에 파세리 가루와 소금과 후추를 넣어 마무리한다.

17. 모네이 소스(Mornay sauce)

베샤멜 소스에 크림 치즈와 파마산 치즈를 넣은 크림 소스

18. 머스터드 소스(Mustard sauce)

베샤멜 소스에 디종(씨 겨자 소스) 겨자 소스를 섞는다. 이 소스는 족발이나 닭고기 요리에 많이 사용한다.

19. 낭튀아 소스(Nantua sauce)

양파, 셀러리, 당근을 썬 다음 버터에 볶다가 바다가재를 생크림과 같이 넣는다. 은근히 끓이다가 베샤멜 소스를 넣는다. 농도는 생선 육수로 맞춘 다음 걸러서 소금, 후추 넣어 마무리한다(일부 셰프는 백포도주 소스로 만드는 경우도 있다).

20. 프린세스 소스(Princess sauce)

베샤멜 소스에 양송이 볶은 것을 섞은 크림 소스

21. 수비즈 소스(Soubise sauce)

양파를 색이 안 나게 볶다가 생크림 넣고 졸인 후 갈아서 베샤멜 소스에 섞은 크림 소스. 마무리는 소금과 후추로 한다.

22. 벌넷 소스 (Vernet sauce)

베샤멜 소스에 잘게 썬 트리플, 작은 오이, 삶은 달걀노른자로 넣은 크림 소스

23. 버진 소스(Virgin sauce)

베샤멜 소스에 아티초크 퓨레를 섞은 크림 소스

24. 바르샤바 소스(Warsaw sauce)

베샤멜 소스에 오렌지 주스 졸인 것을 넣고 마무리로 홀스레디쉬로 가니쉬한다.

06 베샤멜 소스에 얽힌 이야기

베샤멜 소스는 흰 소스의 대명사이고, 소스의 여왕이라고 할 수 있다. 베샤멜 소스는 실제로 다양한 요리에 곁들일 수 있다. 만드는 법은 간단하다. 밀가루에 버터를 넣어 볶은 후 우유를 넣어서 만든다. 어떤 재료에도 조화가 잘되는 만능 소스가 베샤멜 소스이다.

이 소스의 유래는 프랑스 루 드 베샤멜 (Lous de Bechamel)의 이름에서 얻어진 것으로 알려져 있다. 루이 14세의 급사장인 베샤멜이 주인님을 위하여 만들었다고 한다.

이 소스는 오랫동안 인기가 있지만 프랑스에서는 1950년대에 고열에 버터를 녹여 밀가루를 볶으면 트렌스 지방이 발생한다는 사실 때문에 항상 문제가 되곤 했다. 그래서 루를 볶을 때 갈색으로 볶는 것을 삼갔다.

이론적으로는 갈색 소스에는 갈색 루가 들어가지만 셰프들은 소스를 제조 시에 재료를 볶을 때 밀가루를 미리 넣어 주면서 루를 따로 넣지 않는 방법을 선택했다. 루는 원래 농도 맞추는 것과 음식의 고소한 맛을 내는데 목적이 있다. 프랑스에서도 농도를 맞출 때 루 보다는 돼지껍질을 넣거나 젤라틴을 넣어 농도를 만들었다는 기록이 있다.

우리나라에서 베샤멜 소스 연구는 단국대에서 공부한 오찬 교수님이 최초라고 할 수 있다. 그의 연구한 내용은 버터와 밀가루를 같은 무게의 양을 넣어 볶은 후 우유를 몇 배로 넣는 것이 좋은지에 관한 연구였다. 20여 년 전에 연구한 것은 대단한 연구 업적으로 볼 수 있다. 이 당시는 소스에 대한 인식이 약할 때였다. 당시 오찬 교수는 우수한 베샤멜 소스는 버터와 밀가루가 1대1이고, 여기에 우유는 17배를 넣는 것이 우수하다는 연구결과를 내놓았다. 그러나 현장 주방에서는 이 원칙을 무시하고 적당한 양의 우유를 넣고 베샤멜 소스를 제조하곤 한다.

근래 베샤멜 소스 연구 동향을 보면 우유 대신 두유를 넣어 첨가 비율에 따른 베샤멜 소스의 품질 특성을 연구한 차준호씨가 있는데 그는 호텔에서 오랫동안 셰프로 일하면서 석사 과정의 연구를 베샤멜로 했다. 결과는 건강기능성을 염두에 두고 두유를 넣어 소스를 제조한 후 관능검사를 통한 연구와 분석을 하여 두유 활용성을 높이고 고

객이 선호하는 우수한 소스를 제공했다. 추가로 향과 맛이 우유보다 우수하다는 연구도 내놓았다. 두유 첨가량이 많을수록 걸쭉한 정도와 고소한 냄새의 맛이 증가되었다. 향후 이 연구를 통해서 베샤멜 소스의 기능성·경제성 등을 고려한 다양한 연구가 나올 것으로 기대한다.

이외에도 이승익씨가 연구한 논문을 살펴보면 루를 만들 때 버터대신 올리브유, 포도씨유, 카놀라유를 이용해서 제조한 소스 연구도 흥미롭다. 이 연구 결론은 버터보다 카놀라유가 우수한 것으로 증명되었다. 다양한 기름을 이용하여 연구한 것을 보면서 변화되는 소비자들의 욕구 충족을 위해 다양한 식재료의 개발과 다양한 조리법의 개발이 요구되고 광범위한 기초연구가 이루어질 것이라 기대해 본다.

베샤멜 소스 연구로 특이한 것이 있다. 박기봉씨가 연구한 청국장 가루를 넣어 만든 소스인데 많은 현장 셰프들이 여러 소스에 청국장 분말을 넣어서 고객들에게 호평을 받았다. 브라운 소스에 넣은 청국장 분말 소스는 중식당에서 자장면 소스에 우리의 시골 된장을 10% 정도 넣어 소스를 개발하여 인기를 얻어 전국적으로 보급하였다. 이 소스는 신라호텔 후덕죽 이사님이 만들었다.

지금 생각해보니 셰프들이 대학원에 와서 좋은 연구를 하여 현장에 접목하면 산학에 도움이 될 것으로 생각된다. 그런데 현실적으로는 연구하면 연구로 끝나는 예가 많다. 연구한 것을 현장에서는 받아들이지 못하는 안타까움이 있다. 이유는 많겠지만 연구해본 경험이 있는 셰프는 약간의 접목이 가능하지만 전혀 연구를 안 해본 셰프는 받아들이기 쉽지 않다. 그렇지 않은 셰프들도 많지만 쉬운 일은 아니다. 좋은 정보가 사장되다보니 삼십 년 전이나 지금이나 일하는 내용이 비슷하다.

셰프 출신이 어렵게 회사에 근무하면서 대학원에 다니며 연구하여 학회지에 게재하면 이글을 현장 조리사들이 보는 기회가 주어졌으면 한다. 연구소를 통하든 모임을 통하든, 변화하려는 의지를 보았으면 한다. 이런 것이 안 되니 주방의 변화가 적고 발전이 느리다. 이것은 경영자의 경영방침하고도 연관이 많다. 연구 기회를 안주고 적은 인건비와 원가절감만을 원하니 모든 것이 쉽지 않다. 학교 또한 비슷하다. 실험조리를 해보아도 현장접목이 요원하니 여기도 진전이 없다. 나는 이러한 모순을 바로 잡으려고 책을 쓴다. 혹시 내 책을 보고 조금이라도 변화시키는데 도움이 되고자 한다.

경기대 김기영 교수님은 조리사들에게 학업의 기회와 연구능력을 키워준 조리과 교수님들의 공헌도 컸다고 하신 말씀이 기억난다. 지금의 요리발전이 어느 한 군데만의 공이 아니고 다양한 곳에서 노력한 선배님들의 공을 후배들은 기억해주기 바란다.

대학에 있을 때 기업체에서 연락이 왔다. 나는 특허도 제자들하고 10개 정도 취득했지만 주방보다는 중소기업에서 필요로 하는 것을 보았다. 식품 관련 회사에서 우리의 특허를 가지고 대량 생산을 하는 경우가 많았다. 또한 사과즙을 이용한 데리야끼 소스를 두 군데 업체에서 구입하고 싶다고 경쟁하는 것을 보고 기분이 좋았다.

앞으로 연구생들은 직장에서 고급요리에 곁들이는 소스를 즉석에서 만들어 본 후에 연구에 임하는 습관이 필요하다.

호텔에서는 매일같이 다양한 소스를 제조하여 고객에게 제공한다. 고객들이 좋아하면 인기가 있어서 그 소스는 대량생산 하게 되는 경우가 많다. 내가 베샤멜 소스를 만들면서 수첩에 적어 놓은 것을 소개해보면 다음과 같다.

- ▶ 무염 버터 사용한다.
- ▶ 버터는 정제 버터가 좋다
- ▶ 우유는 뜨거운 것을 섞는 것이 좋다.
- ▶ 밀가루는 볶은 것을 사용하는 것이 좋다
- ▶ 향신료는 넛멕이 좋다.
- ▶ 베샤멜 소스 농도는 물로 하는 것이 좋다
- ▶ 베샤멜 소스는 마지막은 생크림으로 하는 것이 좋다.
- ▶ 소스 만들 때 양파에 후추, 클로브, 월계수잎을 넣으면 맛이 좋아진다.
- ▶ 바닥이 타므로 계속 저어 주어야 한다.
- ▶ 베샤멜은 두꺼운 냄비를 사용해야 맛이 좋아진다.
- ▶ 마지막에 버터를 넣어주면 굳지 않는다.

　이상은 내가 호텔 근무하면서 겪은 경험을 통해 얻은 것이니 후배님들은 참고하기 바란다.

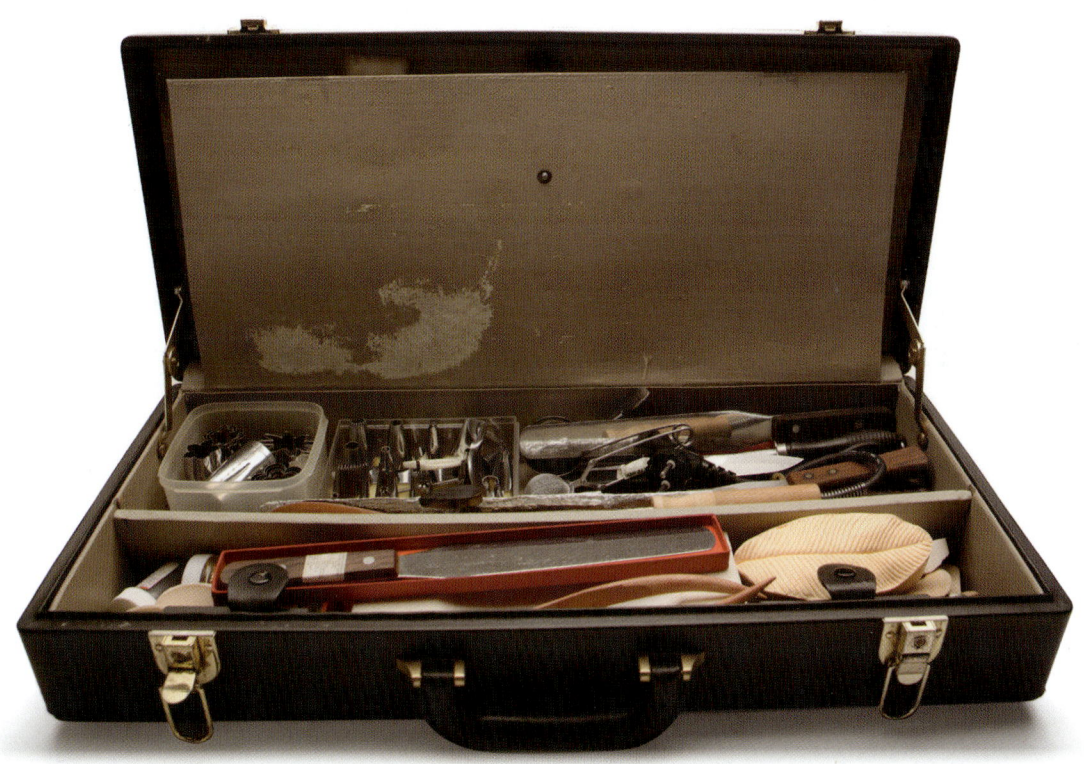

TOMATO SAUCE

토마토 베이스
소스

01. 토마토 소스 개요
02. 토마토 소스 트렌드
03. 토마토 소스의 비밀
04. 클래식 토마토 소스
05. 파생 토마토 소스
06. 토마토 소스에 얽힌 이야기

토마토 베이스 소스

01 토마토 소스 개요 Overview of Tomato Sauce

　서양 대표적인 5가지 모체 소스 중 적색의 소스인 토마토 소스는 다른 모체 소스들과 달리 농도 조절이 가능한 육수 소스군 소스이다.

　토마토 소스는 루가 들어간 프랑스식과 루가 안들어간 이탈리아식이 존재한다.

　토마토 소스는 서양요리에서 갈색 소스 다음으로 많이 활용될 정도로 사용빈도가 높은 기본적인 소스 중의 하나로서 이탈리아 요리에 널리 사용되는 소스이다. 파스타와 피자뿐만 아니라 육류 요리에도 잘 어울리며, 토마토 가공식품을 잘 이용하면 육류의 비린내를 없앨 수 있고 손쉽게 색다른 요리의 맛을 낼 수 있다. 그리고 이 소스와 궁합이 맞는 향신료는 바질 오리가노 월계수 등이 있다.

　1692년에는 이미 토마토 소스가 개발되어 사용되었다(다치바나 미노리 2003). 최초의 토마토 소스 레시피는 1692년 Antonio Latini가 나폴리에서 출판한 'La calco alla moderna'라는 요리책에서 찾아볼 수 있다. "잘 익은 토마토 5개를 불에 그슬려 껍질을 벗기고 잘게 자른 후 다진 양파와 고추, 타임을 적당히 넣는다. 여기에 소금, 올리브유, 식초를 넣고 섞어 만든다"라고 기록되어 있다.

　토마토 소스를 만들 때 두께가 두꺼운 스테인리스 냄비 등을 이용해서 만들어야 토마토가 함유하고 있는 다량의 산, 당에 반응하지 않는다는 원리를 이해해야 한다. 끝으로 많은 토마토 소스의 재료는 토마토 퓨레가 다양하게 이용되며, 크로켓, 포타주 등 다양한 요리에 응용하여 사용할 수 있다.

02 토마토 소스 트랜드 Tomato Sauce Trend

이탈리아 레스토랑이 대중화되기 전인 80년대에 호텔에서는 당근, 양파, 셀러리 등 향미 채소와 햄, 토마토 페이스트를 넣어 볶은 후 화이트 와인, 토마토 주스와 치킨 스톡, 토마토를 첨가하여 만들었다. 농도는 루를 첨가하여 맞추었고 고급 레스토랑의 메인요리, 전채요리 등에 다양하게 사용되었다.

호텔 이외에 피자와 파스타를 전문으로 하는 이탈리아 레스토랑이 생겨나 대중들에게 이탈리아 요리를 선보이고 프랜차이즈 양식 레스토랑과 프랜차이즈 피자 전문점들이 급격하게 늘어나면서 이탈리아 또는 미국에서 다양한 식재료들이 수입되었고 소스를 만드는 방법이 바뀌었는데 엄밀하게 말하면 소스를 만드는 식재료가 달라졌다고 볼 수 있다.

일반적으로 캔제품으로 된 홀 토마토와 향미채소 또는 양파, 올리브오일, 소금, 설탕 등을 넣고 오랜 시간 끓여 토마토 소스를 만들게 되었고 각 호텔이나 레스토랑 마다 치킨 스톡이나 마늘, 월계수잎, 기타 향신료를 첨가하여 자신들만의 소스를 만들어 사용하였는데 대량으로 만들기가 쉬워져 레스토랑 뿐 아니라 뷔페나 연회에 사용하는 요리에도 많이 사용되었다. 신선한 맛의 토마토 소스를 만들기 위해 생토마토를 주재료로 하고 소량의 토마토 페이스트를 넣어 만드는 방법도 많이 사용했었는데 우리나라에서 재배되는 토마토는 수분이 많고 당도가 적어 진한 토마토 소스를 만드는데 적합하지 않아 점점 유럽이나 미국에서 수입한 홀 캔 토마토를 사용하게 되었다.

이 후 수제 화덕 피자가 인기를 얻고 그리스, 멕시코 등등 많은 외국 식당들이 생기면서 토마토 소스의 사용량이 늘어나게 되고 토마토 소스를 만드는 더 다양한 가공품들이 수입되었다. 홀 토마토에 허브와 채소가 첨가된 토마토 쿨리와 피자소스용 토마토 소스 제품까지 들어와 있고 홀 토마토의 종류도 매우 다양해졌으며 올리브 오일의 종류 또한 세기 어려울 정도로 많아져 토마토 소스를 만드는데 더 다양한 방법이 등장하게 되었다. 거기에 호텔 등 대형 업장에서 가공 또는 반가공품을 사용하는 곳이 늘어

나고 토마토 소스 또한 이러한 제품들을 사용하여 조리법이 간단하면서도 맛을 일정하게 유지하기 쉬운 방법으로 만들어지고 있다. 토마토 쿨리에 약간의 향미채소, 올리브오일을 넣어 단시간 끓이거나, 홀토마토와 토마토 쿨리를 섞은 후 양파와 마늘, 약간의 육수를 넣어 만드는 것인데 여기에 당도가 높고 수분이 적은 방울토마토나 줄기 토마토를 첨가하여 좀 더 퀄리티 있는 소스를 만들어 사용하는 곳도 많아지고 있다. 소스가 대중화되면서 다양한 소스의 조리법이 만들어지고 발전하면서 토마토 소스는 이제 호텔과 레스토랑 뿐 아니라 일반 가정에서도 손쉽게 만들어 요리를 할 수 있는 소스가 되었다.

    건강식과 혼밥이 식문화의 트랜드가 되면서 다양한 반조리 제품들이 그에 맞게 개발되어 판매가 되고 있는데 토마토 소스는 다양한 식재료와 잘 어울리며 건강에 좋은 식품이라고 널리 알려져 이러한 식품에 매우 많이 사용되고 있다. 이제는 치킨전문점, 분식, 중식당을 비롯한 대부분의 프랜차이즈 레스토랑에서 토마토 소스를 사용하다 보니 완제품으로 만들어져 유통되는 가공된 토마토 소스 종류도 수십 종이 넘게 마트에서 판매가 되어 토마토 소스는 한국 사람들이 가장 좋아하고 쉽게 접할 수 있는 소스로 자리 잡고 있다.

-송용욱 셰프-

03 토마토 소스의 비밀 The Secret of Tomato Sauce

    토마토 소스는 특히 우리나라에서는 파스타 요리와 피자를 만들기 위한 기본 소스로 사용하고 있으며 각양각색의 파스타 요리와 피자 메뉴들이 대중화·일반화되어서 현재 레스토랑에서 만들어지는 토마토 소스는 그 레스토랑의 전체적인 메뉴 컨셉과 메뉴의 가격대에 따라 다양한 방법으로 응용되어서 만들어 사용하고 있다.

    고전적인 토마토 소스의 레시피를 살펴보면 생 토마토에 각종 향신 채소와 토마토 페이스트, 베이컨(염지, 훈연된 돈육가공품), 각종 드라이 허브(바질, 타임, 오레가노, 마조람 등)와 향신료를 넣고 끓여서 다소 향이 강하고 복잡 미묘한 맛의 토마토 소스를 만들어서 사용했으나 현대에 와서 질 좋은 유럽산(이탈리아, 프랑스산) 토마토 캔 제품들과 올리브 오일이 수입되고 국내에서 신선한 허브들이 재배된 이후로 현재 레스토랑에서 조리되는 토마토 소스의 레시피는 더 간결해졌고 오로지 토마토의 맛과 향을 극대화시켜 담백하고 부드러운 토마토다운 맛을 잘 표현하여 만드는 것에 큰 가치를 두고 있다.

    여기에서 파스타 메뉴뿐만 아니라 다양한 전체 요리, 생선 요리와 육류 요리에 두루 사용하고 있는 본인의 토마토 소스 레시피를 소개해 보고자 한다.
    토마토홀 캔 제품을 믹서로 갈아 굵은 체에 내려 씨를 제거한 꿀리 상태의 토마토 3kg 정도를 준비해두고 두꺼운 냄비에 껍질 깐 육쪽 마늘 8개 정도와 올리브 오일 1/2컵을 넣고 약한 불에서 마늘 향을 우려낸다. 마늘의 향이 나고 색이나기 시작하면 사각으로 썬 양파 1개 분량을 넣고 부드럽게 익혀주며 소량의 소금과 드라이 오레가노 1 작은술을 넣고 섞어준다. 양파도 색이 나기 시작하면 후레쉬 바질 잎을 10g 정도 넣고 향을 내고 섞어준 뒤 갈아놓은 토마토를 넣고 물 3컵을 같이 냄비에 붓고 끓인다. 중불에서 30분 정도 양파와 통마늘이 부드럽게 으깨질 때까지 끓이면 간을 하고 마무리 단계

에서 소스 표면에 남겨 두었던 바질 줄기와 엑스트라 버진 올리브 오일을 2컵 정도를 고루 뿌려준 뒤 핸드 믹서로 토마토 소스를 곱게 갈아서 소스 표면을 코팅시켜 주고 완성한다.

    대량으로 조리 시, 즉 토마토 캔 10kg 이상을 사용할 경우 양파를 넣을 때 잘게 자른 당근을 두 개 분량 넣고 소스를 만들면 맛에 큰 영향은 없지만 당근이 소스에 약간의 당도를 주고 특히 밝은 토마토 색을 만들어주어 소스의 색감을 좋게 해준다.

    이 소스에 껍질 벗긴 완숙 토마토의 과육을 잘게 잘라 넣고 요리에 곁들이면 담백한 토마토 소스에 토마토 과육이 씹히면서 후레쉬하고 신선한 소스의 맛도 같이 느낄 수 있다.

-장병동 셰프-

04 클래식 토마토 소스 CLASSIC TOMATO SAUCE

신선한 토마토 퓌레 Fresh Tomato Puree

많은 토마토 소스의 제조에 토마토퓌레가 다양하게 이용되며, 크로켓, 포타주주 등 다양한 요리에 응용하여 사용할 수 있다.

재료 : (0.1L의 농축된 퓌레를 만들기 위한 양)

토마토 완숙 : 0.8~1kg
부케가르니(향초다발) : 10g
마늘 : 5g
소금 : 약간
후추 : 약간
설탕 : 약간

 조리방법

1. 토마토를 반으로 잘라 씨를 제거한다.
2. 토마토를 얇게 자른 후 부케가르니(향초다발)와 마늘을 소스 냄비에 넣어준다.
3. 뚜껑을 덮고 30~40분 동안 약한 불에서 익혀 준다.
4. 익힌 토마토를 채에 걸러 마늘과 부케가르니를 제거한다.
5. 걸러진 토마토 퓌레를 다시 냄비에 넣고 강한 불에서 농도가 걸죽하게 농축될 때까지 졸여준다.
6. 졸여진 퓌레를 식힌 후 작은 용기에 옮겨 담고, 공기와의 접촉을 막아주기 위해 표면에 기름 또는 버터를 녹여 부어서 보관한다.

출처 : Les Sauces Recettes et Conseils Pratiques,
COMPAGNIE PARISIENNE D'EDITIONS TECHNIQUES & COMMERCIALES, PARIS, FRANCE.

클래식 토마토 소스 Classic Tomato Sauce

토마토 소스는 아주 오래전부터 사용됐으며, 고급요리에서부터 서민들을 위한 요리까지 아주 다양하게 이용됐다. 토마토 소스는 삶은 요리, 팬에 구워낸 요리, 및 로스팅한 요리 등 아주 다양하게 사용되며, 부속고기 및 생선요리, 채소요리 등 다양한 요리에 사용하거나 응용할 수 있다.

 재료 : (0.5L의 토마토 소스를 만들 수 있는 양)

토마토 퓌레 : 0.1L
완숙 토마토 : 1kg
돼지 지방 : 25g
당근 : 25g
양파 : 15g
버터 : 25g
파슬리 : 8g
밀가루 : 30g
맑은 육수 : 0.4L
마늘 : 약간
소금 : 약간
후추 : 약간

 조리방법

1. 냄비에 버터와 돼지 지방, 당근, 양파, 당근의 재료를 넣고 위로 밀가루를 골고루 뿌려준다.
2. 중간 불에서 재료들이 갈색이 될 때까지 잘 볶아준다.
3. 재료가 잘 볶아지면 맑은 육수를 넣어 주고 준비한 토마토퓌레와 씨를 제거한 토마토, 마늘을 넣어 주고 잘 섞어준다.

4. 뚜껑을 덮고 약한 불에서 1~2시간가량 천천히 익혀낸다.
5. 소스를 채에 걸러내고, 걸러진 소스의 농도에 따라 약간의 육수를 첨가한 후 소금과 후추로 간을 한다.
6. 완성된 소스를 용기에 옮겨 담아 보관한다.

출처 : Les Sauces Recettes et Conseils Pratiques,
COMPAGNIE PARISIENNE D'EDITIONS TECHNIQUES & COMMERCIALES, PARIS, FRANCE.

가정식 토마토 소스 Homemade Tomato Sauce

 재료 : (0.5L 분량의 소스를 만들기 위한 재료의 양)

완숙 토마토 : 500~600g

송아지, 돼지 또는 가금류의 지방 : 30g

밀가루 : 20g

마늘 : 10g

부케가르니(향초다발) : 5g

화이트 와인 : 0.1L

맑은 육수 : 0.1L

소금 : 약간

후추 : 약간

설탕 : 약간

 조리방법

1. 냄비에 준비된 지방을 녹이고 밀가루를 볶아 화이트 루를 만들어 준비한다.
2. 화이트 루에 와인과 육수를 부어준다.
3. 씨를 제거한 토마토와 양파, 부케가르니(향초다발), 마늘, 설탕, 약간의 소금을 넣어

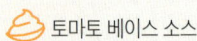

주고 1시간가량 중간 불에서 끓여준다.

4. 소스를 채에 걸러 향채류와 부케가르니를 제거하고, 다시 소스를 냄비에 넣고 가열하여 농축시킨다.

5. 농축된 소스에 소금과 후추를 첨가하여 마무리하여 보관한다.

출처 : Les Sauces Recettes et Conseils Pratiques,
COMPAGNIE PARISIENNE D'EDITIONS TECHNIQUES & COMMERCIALES, PARIS, FRANCE.

05 파생 토마토 소스

1. 기본 토마토 소스(Basic tomato sauce)

 재료

올리브 오일 60ml, 흑후추 1g, 다진 샬롯 1개, 토마토(껍질 벗겨서 다진 것) 900g, 양파(잘게 다진 것) 1개, 마늘(납작하게 누른 것) 3조각, 타임 2g, 화이트 와인 120ml, 월계수 잎 1장, 소금 1g

 조리방법

1. 양파, 샬롯, 그리고 갈릭을 올리브 오일을 두른 팬에 뚜껑을 닫고 중불에서 약 10분 동안 빠르게 볶는다. 나머지 재료들을 뚜껑을 연 채로 자주 저어주면서 천천히 30~40분 동안 끓인다. 타임과 월계수잎을 제거하고 소금으로 양념을 한다.
2. 토마토 밑 부분에 칼집을 넣어 끓는 물에 데쳐서 차가운 물에 잠깐 담갔다가 껍질을 벗겨낸다.

로마 캔 토마토와 마늘, 양파, 올리브 오일, 바질, 오레가노를 이용한 심플 토마토 소스이며 로마 캔 토마토 대신 신선한 후레쉬 로마 토마토, 방울토마토 등 다양한 종의 토마토의 사용이 가능하다.

2. 구운 토마토 소스(Roasted tomato sauce)

토마토를 올리브 오일에 토스한 후 180도 오븐에 20~30분간 구운 후 기본 토마토 소스와 같은 방법으로 만든 소스, 깊고 구운 향의 토마토 소스

3. 훈제 토마토 소스(Smoked tomato sauce)

구운 토마토 소스처럼 토마토를 훈연하여 훈제향을 가미한 토마토 소스이며 훈제 파프리카 등을 가미할 수 있다.

4. 푸타네스카 소스(Punttanesca sauce)

기본 토마토 소스에 엔초비, 올리브, 케이퍼가 첨가된 토마토 소스

5. 아라비아따 소스(Arrabiata sauce)

기본 토마토 소스에 페페론치노 같은 고추를 넣어 맵게 만든 소스

6. 마리나라 소스(Marinara sauce)

기본 토마토 소스에 케이퍼, 올리브, 적포도주 등을 첨가한 소스

7. 프라 디아볼로(Fra Diavolo)

아라비아따 소스처럼 매운 맛 소스이며, 다른 점은 좀 더 부드럽고 해산물이 첨가됨

8. 프린시페사 소스(Principessa Sauce)

Alessi 엑스트라 버진 올리브 오일에 마늘, 양파를 볶고 서양 배 모양의 토마토를 사용한 소스이며 Alessi Sea Salt와 헤비 크림으로 마무리한다.

9. 산 마르자노 토마토 소스(San Marzano tomato sauce)

산 마르자노 토마토, 선 드라이 토마토 페이스트 등을 이용한 소스

10. 로제 토마토 소스(Rose tomato sauce)

기본 토마토 소스에 크림을 섞어 만든 로제 칼라의 토마토 소스

11. 다양한 해산물 토마토 소스(Assorted seafood tomato sauce)

기본 토마토 소스에 다양한 해산물과 드라이 백포도주로 맛을 낸 토마토 소스

12. 조개 토마토 소스(Clam tomato sauce)

모시조개, 백포도주, 기번 토마토 소스로 맛을 낸 소스

13. 프리마베라 토마토 소스(Primavera tomato sauce)

브로콜리, 당근, 애호박, 피망 등의 채소가 듬뿍 들어간 토마토 소스

14. 토마토 & 버섯 소스(Tomato &Mushroom sauce)

기본 소스에 다양한 버섯으로 맛을 낸 토마토 소스

15. 이탈리안 핫 소시지 & 토마토 소스(Italian hot sausage &tomato sauce)

이태리 핫 소시지로 맛을 낸 토마토 소스

16. 미트볼 토마토 소스(Mortadella ham tomato sauce)

미트 볼과 토마토 소스가 어우러진 소스

17. 토마토 & 아티초크 소스(Tomato &artichoke sauce)

아티초크와 토마토 소스가 어우러진 소스

18. 토마토 & 염소 치즈 소스(Tomato &goat cheese sauce)

염소 치즈로 마무리한 토마토 소스

19. 수코타쉬 토마토 소스(Succotash tomato sauce)

리마콩과 옥수수, 토마토 소스가 어우러진 소스

20. 토마토 로메스코 소스(Tomato romesco sauce)

구운 토마토와 구운 적피망 퓨레, 토스트 아몬드와 빵으로 농도를 잡고 마늘, 식초, 칠리 파우더 등으로 맛을 낸 소스

06 토마토 소스에 얽힌 이야기

미 대사관 클럽에 근무할 당시(1977년)의 주방에서는 지금의 방울토마토를 체리토마토라고 불렀다. 태어나서 처음 보았고 처음 먹어보았다. 맛이 지금 맛하고 비슷했다. 토마토로 만든 토마토 페이스트는 아주 귀한 토마토 제품이었다.

나는 신기한 식품의 라벨을 통조림통에서 잘 떼어서 모으는 취미를 가졌다. 지금 와인 전문가들이 와인 마시고 라벨을 신주단지 모시듯 모시는 것처럼 나도 수집했다. 이 당시는 그림만 보고 제품을 알아 맞혔는데, 영어 사전으로 단어를 찾아보면서 상품지식을 늘려 나갔다.

미8군 안에 있는 미 대사관 클럽('유솜'이라고도 함)은 당시 저명한 인사들이 아니면 출입이 불가능했다. 1년 동안 그곳에 다니면서 신기한 모습을 많이 보았다. 이태원에서 버스에서 내려 9번문을 통과하면 그 곳은 한국이 아닌 미국이었고, 모든 것이 신기했다. 조리사들은 모두 영어를 잘했다. 주방장은 김방원 원로 셰프였고 그 전에는 박명선 신라호텔 조리이사가 계셨다.

캔 토마토는 귀해서 가격도 비쌌다. 나는 최고급 식재료만 사용했다. 그 당시 일반 가정에서는 미군부대에서 흘러나오는 식재료를 구해서 사용했으니 얼마나 어려웠겠나, 생각해보면 눈물겹다.

요즘 조리사들은 이해하기 힘들 것이다. 우리가 좋은 식재료를 맘대로 쓰기 시작한 것은 아마도 88 올림픽 이후라고 할 수 있다. 피자에 쓰는 토마토 소스에 꼭 사용하는 오레가노 향신료를 구하기는 하늘의 별 따기였다.

이 당시 토마토 소스는 루가 조금 들어갔다. 일반 가정에서는 고기의 요리는 토마토 소스를 많이 사용했다. 돈가스 요리에도 토마토 소스를 곁들였다. 토마토가 시중에는 왜 없었는지 모르겠지만 있어도 붉은 것이 없고 대개는 덜 익은 녹색 토마토가 많아서 흰색 토마토 소스가 되었다.

1990년대에도 겨울엔 토마토를 상상도 못하고, 여름에도 주방 창문 옆에서 익혀가

면서 사용했다. 나는 프렌치 주방에서 근무한 관계로 솔직히 이태리 식당의 주방에서 사용한 토마토 소스의 비밀은 잘 모르지만 토마토 소스는 브라운 소스 다음으로 많이 쓴 것으로 알고 있다.

신라호텔 메인 주방에서 토마토 소스를 만들 때, 한 번은 일반 토마토 1톤을 구입해서 더운물에 껍질을 벗기고 씨를 제거하여 창고에 저장해 놓았다. 겨울에 토마토 소스로 활용하기 위해서였다. 그런데 상사가 방울토마토 200kg을 주면서 토마토 소스를 만들라고 지시했다. 주방장인 나는 정식으로 항의했다. 방울토마토로 소스를 만드는 것은 용납할 수 없다고 상사에게 항명하자 난리가 났다. 주방은 위계질서가 확실한 조직이다 보니 누구든지 지시하면 그대로 진행해야 한다는 특성을 가지고 있던 때라 더 그랬다.

이유는 간단했다. 일단 맛이 없고, 색이 나오지 않고, 가격이 비싸고, 업무 효율성이 떨어진다고 판단했기에 반대한 거였다. 부장은 거의 강제적으로 지시했지만 난 그냥 퇴근해버렸다.

나중에 방울토마토로 소스를 만드는 것은 취소되었다고 들었다. 높은 사람에게 잘못 보여서 힘들었지만 아닌 것은 아니다. 지금도 부하직원이 나에게 합리적인 대안을 얘기하면 내 지시가 옳아도 양보해야 한다는 게 내 생각이다. 이 당시 맛있는 토마토 소스 만드는 법 노하우를 적어보았다.

- ▶ 껍질 제거와 씨 제거는 소스 질을 높여 준다.
- ▶ 토마토 페스트가 들어간 것은 볶을 때 오래 볶아 주는 것이 좋다.
- ▶ 용기는 스테인리스가 적합하다.
- ▶ 향신료는 바질이 궁합에 맞는다.
- ▶ 토마토 소스를 맛 나게 하는 것은 버터, 베이컨, 설탕, 타바스코가 좋다.
- ▶ 토마토 소스에 레몬주스가 맛을 좋게 한다.
- ▶ 오일은 올리브와 버터를 반반 넣는 것이 좋다.
- ▶ 농도는 파스타 삶은 물을 사용한다.
- ▶ 토마토는 Love Apple이라 해서 해외에서는 인기 있는 채소이다.

- ▶ 프랑스식은 루가 들어가고 이탈리아식은 안 들어간다.
- ▶ 토마토 소스는 파마산 치즈가 어울린다.
- ▶ 향신료는 주머니에 담아서 넣었다가 꺼내는 것이 좋다.
- ▶ 토마토는 밭에서 완전히 익은 것이 향과 당도가 우수하다
- ▶ 토마토는 구워서 소스를 만들면 당도, 훈연 향, 색이 더 붉어진다.
- ▶ 소스 제조 후 공기 접촉을 막기 위해 버터를 뿌린다.

이상이 그 당시 나의 소스 노하우이다. 참고하세요.

토마토 소스 연구

화성에 가면 유리관에 있는 토마토 농장이 있다. 지열로 1년 내내 토마토 농사를 짓는다. 토마토 높이가 5M 정도 되고, 서서 토마토를 수확할 수 있고, 9개월 정도 수확하여 판매한다고 한다. 이 농장에서 토마토 소스를 만들어 보자는 프로젝트를 제안을 받았다. 그런데 토마토의 크기는 컸지만 맛이 떨어지고, 껍질이 단단한 것이 문제였다. 샌드위치용으로는 우수했다. 그래서 씨가 적은 토마토 재배가 되면 소스를 만들어 보기로 수정 제안을 했다.

제자 중에 토마토 소스로 박사학위를 받은 전관수 씨가 있다. 한국인 최초로 하얏트 체인 총주방장으로 일하고 있다. 그는 하얏트 인천 총 주방장 하다가 제주 하얏트로 옮겼는데, 토마토 소스에 매운맛을 첨가하여 다양한 요리에 곁들이려고 소스를 만들었다.

고춧가루 첨가량을 달리한 토마토 소스의 품질특성을 전관수씨가 연구한 것이다. 본인이 연구한 소스를 현장에서 많이 활용할 수 있는 장점 덕분이었다. 토마토는 지용성 비타민이기에 열을 가해야 체내 흡수가 잘 이루어진다는 사실을 셰프들도 잘 알지만 고객의 입맛에 맞는 소스의 개발은 많지 않다.

그럼에도 전관수 셰프는 한국인이 좋아하는 매운맛을 가미한 토마토 소스로 고추를

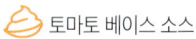

3% 첨가한 것이 한국인 입맛에 적당하다는 연구 결과를 얻었다.

앞으로 다양한 토마토 종류에 따른 소스 개발과 첨가물의 변화를 통해 다양한 소스 개발이 필요하다.

또 다른 토마토 소스 연구자로는 김영준씨가 있다. 그는 <미스터 피자>에서 메뉴 개발 담당자로 근무하면서 토마토 소스 연구를 많이 했다. 농후제를 달리해서 소스를 만들었는데, 버터에 밀가루를 넣어 볶은 루를 넣은 것보다는 감자전분이나 타피오카 전분을 넣어 만든 토마토 소스가 관능적 기호도가 높은 것으로 평가했다. 이 소스는 저지방, 저열량의 소스이므로 현대인에 적합한 소스로 평가받는다. 향후 주방에서는 전분을 이용한 토마토 소스를 제조하여 고객들에게 제공하기를 추천해본다. 루(Roux)는 영양상의 문제가 있는데 실험 결과도 같게 나온걸 보면 연구는 많이 할수록 좋은 것 같다.

토마토는 현대 의학에서 가장 인정받는 식재료이다. 생 토마토보다는 익혀서 먹는 것이 좋다고 한다. 요즘은 코로나 19로 모두 집에 있는 시간이 많다보니 토마토 소스를 곁들인 스파게티를 좋아하는 아내를 위해 가끔 집에서 조리를 한다. 그런데 <The Food Lab>이란 책을 보니 몇 가지 기존의 조리법을 바꾸는 것이 있어서 실험을 해보았다. 전통적인 스파게티는 많은 양은 넓은 큰 냄비가 필요하고 삶을 때 소금과 기름을 넣고 삶는 것이 정설인데 실험해보니 모두 필요 없다고 해서 나도 실험해 보았다. 모두 맞았다. 작은 냄비에 5인분의 건면을 반으로 잘라서 넣고 가끔 저어 주면서 삶으니 괜찮았다. 소스에 대해서는 내 방식과 조금 다르지만 실험한 것에 대해서는 인정해 주고 싶다.

집에서 토마토 페이스트가 떨어진 날, 마늘과 양파를 다진 후 토마토를 썰어서 넣고 기름을 넣어 볶다가 페이스트 대신 토마토케첩을 넣어서 15분 끓였더니 아내도 좋아하는 맛좋은 소스가 되었다. 남는 닭고기가 있으면 소스에 넣어주어도 좋은 소스가 되고, 여유가 되면 새우를 넣어주면 최고급 새우가 들어간 토마토 소스와 스파게티가 된다.

집에서 소스 개발을 해본 후 반응이 좋으면 주방에 가서 요청해보는 것이 나의 스타일이다. 이런 일을 하면서 가끔은 나에게 인생에서 영향을 주신 분들을 생각해본다.

내 인생의 좋은 멘토

나는 살아가면서 좋은 멘토는 인생을 풍요롭게 해준다고 생각한다. 필자의 인생에는 네 사람의 멘토가 있다. 나이가 젊었을 때의 멘토와 나이가 들었을 때의 멘토는 약간은 바뀌는 것 같다. 30대에는 성공을 위해서 멘토를 찾았지만, 40대가 되자 인생의 동반자를 멘토로 생각하게 된다.

첫 번째 멘토는 친구였다. 지금은 미국에서 목회를 하고 있는 친구라서 좋은 인생의 조언은 받지 못하지만 어렸을 때는 많은 조언을 얻었다. 직장을 옮길 때, 결혼할 때에도 조언을 받았고, 공부의 방향, 직장에서의 인간관계, 봉사정신, 종교관, 자녀교육 방법, 돈 버는 방법 등을 멘토와 의논하였다. 결정은 나 자신이 했지만 의견 청취를 하는 것은 지금 생각해보아도 정말 잘한 것 같다. 멘토의 의견을 잘 들으면 정말 많은 도움이 된다. 그 친구 덕분에 인생의 방향을 잘 잡은 것 같다. 그 당시 친구가 교회를 지으면 큰 피아노를 기증하고 싶은 생각을 했었는데, 지금도 그 마음은 변함이 없지만 친구가 미국에 있어 소식은 자주 전하진 못한다.

두 번째 멘토는 나를 프랑스와 인연을 맺게 해주신 파리의 이철종 선생님 내외분이다. 이 두 분과의 만남은 1982년인 것 같다. 그 당시 신라호텔에 다닐 때 프랑스에 가서 공부하고 싶어 식당 7군데에 편지를 하였는데, 연락을 주신 유일한 분들이다. 학교에 있을 때 안식년을 맞아 파리에 한 달 정도 체류할 기회가 있어 두 분하고 같이 기거할 수 있었다. 나와는 나이 차이가 20여 년이라 꼭 부모님 같았다. 같이 밥 먹고 여행도 하면서, '두 분이야말로 평생의 멘토구나' 하고 생각했다. 두 분을 만난 인연이 내 인생에 정말 많은 커다란 부분을 차지한다.

'조리사의 길은 이런 것이다', '인생을 바르게 이렇게 살아라'라는 가르침과 함께, 빵이 조금만 남아도 절대로 버리지 않고 마지막에 커피에 담가 먹는 절약하는 법을 배웠다. 식생활이 바뀌니 소화가 잘 안된다고 했더니 매일 아침에 일어나 나에게 죽을 끓여 주셨다. 그 정성은 보통의 멘토가 하지 못하는 일이다. 파리 여행에서 나는 멘토님과 많은 인생 이야기를 나누었다. 인간이 사는 목적에서부터, 앞으로 살아가면서 지켜야 할 처신에 관한 이야기 등을 해주시는데 너무도 감사했다.

좋은 멘토는 좋은 모습을 많이 보여준다. 좋은 모습은 많은 후배들로부터 존경받는 행동을 해야 가능하다. 멘토는 꼭 멘티에게 가르쳐주고 지시하는 것이 아니고 옆에서, 또는 앞에서 보여주는 것이 가장 좋은 멘토가 아닌가 생각한다.

세 번째 멘토는 신라호텔에서 같이 근무한 권영관 선배님이시다. 이분하고는 15년 동안 같이 근무하면서 많은 도움을 받았다. 부하직원을 이해해 주려고 항상 노력하는 모습은 큰 도움이 되었다. 많은 동료들이 프랑스 유학을 말렸을 때에도 이분은 나에게 용기를 주셨다. 일부에서는 유학을 갔다 와도 본전도 못 찾으니 포기하고 적당히 근무하면서 진급도 하며 지내라는 동료도 실제 있었다. 내가 흔들릴 때 용기와 힘을 주신 권영관 멘토가 있기에 지금의 내가 있다고 생각한다.

네 번째 만난 멘토가 주)HK의 이향천 사장님이다. 주)HK와의 인연은 2015년 (사)한국조리학회 회장을 마치고 전국 조리과 교수 협의회의 하계 세미나를 이곳에서 하면서였다. 세미나 1부 마치고 공장 창고 근처를 돌아보니 잔디밭과 정원이 마음에 들었다. 나는 경희대에서 조영식 학원장님이 학교의 나무를 잘 가꾸는 것을 30년 전에 보아와서 정원을 잘 가꾸는 분은 모든 것을 잘 하시는 분이라고 생각해 왔다.

사장님도 남들이 신경 쓰지 않는 곳에 더욱더 신경 쓰시는데 놀라웠다. 이런 것이 이분의 경영 철학임을 근래에 알았다. 회사를 잘 경영하려면 사장님의 경영 철학이 중요하다는 것을 새삼 느꼈다. 이 회사는 모든 직원들이 정직하다.

매일같이 성경책을 두 장씩 전 직원이 읽고, 출근은 8시 전에 하여 한 시간 정도 예배와 조회 후에 업무에 임한다. 이것이 다른 회사와 다른데 직원들이 모두 열심히 일한다. 같은 목표를 가지려고 하는 일은 필요하다고 생각한다. 사장님은 이들을 모두 식구같이 아껴주신다. 이것은 하나님이 주시는 우리 사장님에 대한 복이고, 이 복을 혼자 가지지 않고 모두에게 나누어 주시는 것이라 생각한다.

박물관 운영의 전반적인 일을 나보다 더 적극적으로 행동하신다. 지금도 온 진심으로 회사를 이끌어 가고, 조금은 지칠 것 같은데 한결같은 믿음으로 밀고 나가신다. 나는 여기서 좋은 경영 철학을 몸으로 보고 배운다. 조리 박물관 전시도 혼이 들어간 전시를 요구하신다. 조리인들의 쉼터가 되고 마음의 고향, 지식의 고향이 되게 만드시는 것이 이분의 큰 꿈이고, 내 꿈을 이뤄준 분이 이향천 사장님이다.

우리 사장님도 박물관 운영이 잘 되려면 항상 모기업인 HK가 잘되고 조리업계가 잘 되어야 한다고 말씀하신다. 이번에 조리박물관에서는 부설로 온라인 조리수업을 하는 에콜 드 모카(Ecole De MOCA)를 만들었다.

질 좋은 교육을 통해 우리나라 조리수준을 선진국으로 높여야 한다고 하신다. 좋은 교수들을 모시고 질 높은 수준의 조리지식과 가치 교육까지 전수하는 전인 교육 시스템이 학교 기본이다.

여기서 공부한 학생들에게 많은 혜택을 줄 예정이다. 이곳은 학연, 지연, 혈연이 배제된 순수한 조리교육의 산실이 되기를 바란다. 이곳은 나이, 남녀 불문하고 평생 공부할 수 있는 교육의 장이되어 정년하는 셰프님과 젊은 셰프님들이 모여서 연구하고 토론하는 모임의 광장이 될것으로 믿는다. 향후 박물관에서 운영되는 소스연구소에서 활동 할 수 있게 하고 소스와 창업 전문가로 일할 수 있는 토대도 만들 계획이다.

앞으로 여기 출신들이 한국을 대표하는 조리사로 양성하는 큰꿈을 가지고 계신다. 여기서 공부한 학생들이 세계요리대회에 나가서 상도 받고 대학교수도 되고 레스토랑 경영자도 되고 명장도 나오는 조리명문학교로 만들어 보라 말씀하시는 것을 보면 이분은 긴 안목과 열정이 가득하긴 분이다. 우리도 세계적인 미국 CIA나 일본의 츠지나 프랑스 코르동 블루같이 MOCA도 향후 100년을 내다보면서 발전할것을 기대해본다.

호텔 신라 특선 메뉴(임성빈 제공, 1990년, 한국 조리박물관 소장)

VINAIGRETTE SAUCE

01. 식초(프렌치 드레싱) 소스 개요
02. 식초(프렌치 드레싱) 소스 트렌드
03. 식초(프렌치 드레싱) 소스의 비밀
04. 클래식 식초(프렌치 드레싱) 소스
05. 파생 식초(프렌치 드레싱) 소스
06. 식초(프렌치 드레싱) 소스에 얽힌 이야기

식초 베이스 소스

01 식초(프렌치 드레싱) 소스 개요
Overview of Vinaigrette Sauce

드레싱은 샐러드에 곁들어 먹는 것으로, 소스(sauce)또는 비네그렛(vinaigrette)이라고도 한다. 드레싱이나 소스를 부를 때, 미국인들은 드레싱(Dressing), 유럽인들은 비네그렛(Vinaigrette) 또는 소스(Sauce)라고 부르는 것을 선호한다. 그러나 이러한 명칭과 관계없이 샐러드에 곁들어 먹는 것이라는 공통점이 있다. 드레싱은 샐러드의 맛을 조절하며 풍미와 향미를 증진시키며, 식욕을 돋우는 역할을 한다.

드레싱은 많은 종류가 있으나 대체로 2가지의 기본적인 것으로 구분한다. 그 하나는 마요네즈와 같이 기름이 항상 유화되어 있는 종류이고, 다른 하나는 프렌치 드레싱과 같이 식초와 기름이 분리되어 있는 것으로 사용할 때 섞어서 쓴다.

식초와 기름의 비율이 1:3으로 하는 비네그렛 조리법이 가장 실패가 적은 표준 비율로, 비네그렛의 맛은 식초, 기름 기타 맛을 내기 위해서 첨가되어지는 재료에 따라 변화가 있기 때문에 항상 맛을 본 후에 판단하는 것이 좋은 방법이다. 마요네즈처럼 달걀 노른자를 쓰지 않고 기름의 함량도 적은 것을 따로 샐러드 드레싱이라는 이름으로 부르는 것도 있다.

샐러드에 사용되는 드레싱의 종류로는 프렌치 드레싱, 다우전 아일랜드 드레싱, 비네그렛 드레싱, 이탈리안 드레싱, 마요네즈를 사용한 드레싱 등 종류가 다양하다. 과일 샐러드에는 프렌치 드레싱 등을 사용하는 것이 많고, 고기나 채소에는 프렌치 드레싱이나 마요네즈를 많이 사용한다.

02 식초(프렌치 드레싱) 소스 트랜드 Vinaigrette Sauce Trend

1990년대까지 우리나라에서 가장 보편적으로 사용된 샐러드 드레싱은 마요네즈를 베이스로 만든 것들이 대부분이었다. 사우전 아일랜드 드레싱과 마요네즈에 과일을 넣어 만든 드레싱 등을 기본적으로 사용하고 오일을 사용한 드레싱은 드라이 허브를 첨가하여 만든 이탈리안 드레싱과 참기름을 사용한 오리엔탈 드레싱이 많이 사용되었는데 샐러드에 사용되는 채소가 수분이 많은 양상추나 토마토, 식감이 단단한 양배추, 당근 등으로 오일을 베이스로 만들어져 맛이 깔끔하고 단순한 드레싱보다 진한맛을 내는 마요네즈 베이스 소스와 잘 어울렸기 때문이다.

호텔의 고급 레스토랑에서 치커리(치커리가 처음 나왔을 때 백화점에서 특수 채소로 판매되는 고급 채소였다.) 등을 비롯한 다양한 샐러드 채소들을 요리에 사용하면서 레드와인 식초나 화이트와인 식초를 사용한 프렌치식 오일 드레싱과 소스를 만들어 사용하였다. 이를 계기로 프렌치 드레싱이라고 알려진 오일 소스가 유행처럼 사용되기 시작했는데 사실 프렌치 드레싱이란 말은 프랑스에서 사용하지 않고 '비네그렛'이라고 명칭한다. 식물성 오일과 식초를 베이스로 한 이 드레싱은 와인식초의 깔끔한 산미와 가벼운 식물성 오일의 풍미가 어우러져 부드럽고 아삭한 샐러드와 매우 잘 어울려 큰 인기를 끌게 되었다.

이후 더 다양한 특수작물들이 재배되기 시작하면서 샐러드로 사용할 수 있는 채소들의 종류가 다양해지고 발사믹 식초가 본격적으로 우리나라에 들어오기 시작했는데 발사믹 식초는 도입 당시 가격이 매우 비싸 호텔의 최고급 레스토랑에서만 사용되었다.

발사믹 식초는 와인식초보다 산도가 부드럽고 약간의 감미가 있어 발사믹 식초에 엑스트라 버진 오일을 섞어 만든 발사믹 드레싱은 우리 나라사람들이 가장 좋아하는 드레싱으로 금방 자리 잡게 되었고 지금까지도 호텔과 레스토랑에서 가장 많이 제공되는 식초 소스가 되었다.

식초 소스에 필수적으로 사용되는 오일의 종류도 매우 다양해져서 올리브 오일의

　종류는 셀 수가 없을 정도로 종류가 많고 카놀라유, 땅콩기름, 포도씨 오일을 비롯하여 아보카도 오일, 햄프씨드 오일, 아르간 오일 등 다양한 곡물과 식물의 오일까지 식초 소스를 만드는데 사용되고 있다.

　현재 호텔이나 레스토랑에서 식초 소스는 단순히 채소와 곁들여지는 드레싱 이외에 차가운 전채요리에 다양하게 사용되는데 해산물을 양념하거나 아스파라거스, 브로컬리, 감자, 그린빈 등 익힌 채소 요리에 소스로 사용되며 용도에 맞게 후레쉬한 허브와 레몬주스, 유자청, 베이컨, 과일주스, 카라멜 등 다양한 재료들을 첨가하여 만들어 사용한다. 식초가 아닌 레몬즙을 사용한 소스도 식초 소스와 같이 사용되고 있다.

　식초 소스의 특성상 해산물의 비린 맛을 제거하는 효과가 있으며 단순한 채소의 맛에 다양한 풍미를 더해 요리의 완성도를 높여준다. 또한 산미가 침샘을 자극하여 식욕을 높여주기 때문에 식사의 처음을 시작하는 전채요리에 매우 잘 어울리는 소스이다. 그래서 레스토랑의 코스요리에서 처음 제공되는 음식이 대부분 차가운 전채이며 많은 전채요리에 식초 소스가 사용된다.

　대형 연회나 뷔페에서 익힌 채소 요리에 식초 소스를 사용하며 샐러드바에 마요네즈 계열 소스와 오일 식초 계열 소스, 오리엔탈 드레싱 등 5-6가지를 만들어 선택적으로 제공하는 경우가 많다.

식초 소스는 만드는 방법이 쉽고 오랜 보관이 용이하며 다른 허브 또는 향신료를 첨가하여 다양한 맛을 내기 쉽다. 해산물, 치즈, 익힌 곡류와 채소, 계란 등 다양한 식재료와 잘 어울리며 식물성 재료로 산뜻하고 가벼운 맛과 향을 가지고 있기 때문에 최근 많은 사람들이 즐겨먹는 건강식 요리와 채식 요리에도 많이 사용되고 있으며 호텔과 레스토랑에서 제공하는 요리들도 이에 맞춰 변화하는 추세라 이 식초 소스의 용도 또한 더 다양해지고 있다.

우리나라 식생활에서 샐러드가 매우 보편적인 음식으로 대중화되면서 대형 식품 매장뿐 아니라 소규모 마트에서도 완제 드레싱과 식초 계열 소스가 판매되고 있으며 국내 생산 제품뿐아니라 해외 유명 식품회사의 수입제품들까지 매우 다양한 제품들이 판매되고 있다.

-송용욱 셰프-

03 식초(프렌치 드레싱) 소스의 비밀
The Secret of Vinaigrette Sauce

프렌치드레싱은 프랑스 요리에서 말하는 비네그레트 소스의 우리나라에서의 영어식 표현이며 차가운 에멀전 소스의 한 종류라고 보면 되겠다.

가장 기본적인 비네그레트 소스는 디종 머스터드, 레드 와인 비네거, 식물성 오일을 적정 비율로 혼합해서 만드는 것이다.

보통 식초와 오일은 1:3 정도의 비율로 만드는 것을 원칙으로 하지만 최근에 와서 현대인들의 식탁이 고단백·고지방화되면서 우리 몸이 산미에 대한 필요성을 더 많이 느끼게 되어 식초의 비중이 더 커지고 있음을 느낀다. 또한 발효·숙성 기술의 발달로 다양한 와인 식초를 비롯해 각종 과일로 만든 식초들도 만들어 지고 오일 또한 다양해져서 한 접시의 샐러드를 먹기 위해 각자의 취향에 맞는 새로운 소스들을 만들어서 곁들여 먹게 되는 것 같다.

이 비네그레트 소스는 잎이 연하고 아삭한 잎 상추 종류를 샐러드로 먹을 때 곁들이기 알맞은 소스다. 그렇기 때문에 소량의 소스만으로도 충분히 1인분 샐러드를 만들 수 있는 장점도 있다. 또, 보편적으로 식초와 오일에 소금, 후추를 섞어 녹여 간단하게 샐러드에 곁들여 주는 편인데 디종 머스터드를 같이 첨가해서 만들면 훨씬 향도 좋으며 좀 더 걸쭉한 농도로 사용할 수 있어서 편리하고 대량으로 만들어 쓰기에도 좋다.

비네그레트 소스를 이용한 샐러드를 만들 때 주의할 점은 샐러드용으로 준비한 상추류들의 물기를 잘 제거해 주어야 한다는 것이다. 만약 물기가 잘 제거되지 않고 상추 표면에 수분이 많은 상태에서 소스를 버무리면 소스가 상추에 잘 묻지 않고 겉돌며 상추에 간이 잘 배어들지 않아서 제대로 된 샐러드를 만들기가 힘들기 때문이다.

레스토랑에서는 소량씩 만들어 사용하는 비네그레트 소스에 다진 샬롯을 섞어 하루, 이틀 숙성된 후에 사용하면 샬롯의 향이 적당히 잘 어우러져서 더 풍미가 좋고 맛있는 소스로 샐러드를 만들 수 있다. 다만 샬롯을 넣은 소스는 당연히 맛이 쉽게 변하기 때문에 오래 사용하기는 힘들어서 만든 뒤 3~4일 이내로 사용하는 것이 바람직하다.

-장병동 셰프-

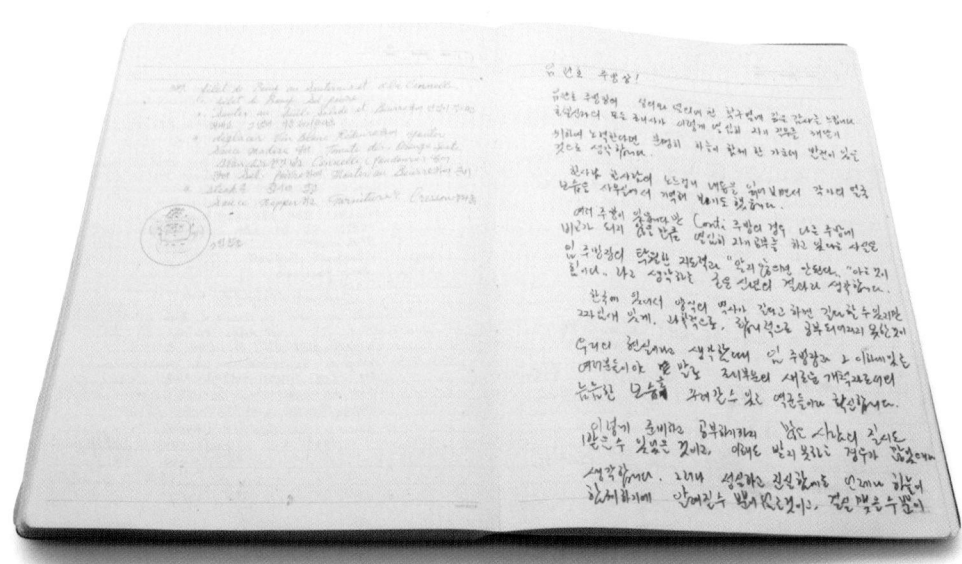

레시피 노트(임관호 제공, 1987년, 한국 조리박물관 소장)

04 클래식 식초(프렌치 드레싱) 소스 — Classic Vinaigrette Sauce

식초 드레싱 Vinaigrettes

드레싱은 다양한 용도로 사용할 수 있는 소스로 잘 알려져 있다. 육류요리, 생선요리, 채소요리 등 다양한 요리에 샐러드와 함께 서비스된다.

 재료 : (200ml의 식초 드레싱을 만들 수 있는 양)

오일 : 150ml
와인 식초 혹은 레몬 쥬스 : 50ml
소금 : 약간
후추 : 약간

 조리방법

볼에 소금 후추를 넣고 식초 혹은 레몬 쥬스와 잘 섞어 준다. 소금을 잘 녹인 후 오일을 넣어주면서 잘 섞어 준다. 소스 그릇에 옮겨 담아 서비스하거나 샐러드 위에 뿌려준다.

출처 : Les Sauces Recettes et Conseils Pratiques,
COMPAGNIE PARISIENNE D'EDITIONS TECHNIQUES & COMMERCIALES, PARIS, FRANCE.

05   파생 식초(프렌치 드레싱) 소스

1. 레몬 비네그레트 (Lenom Vinaigrette)

 재료

올리브 오일 250ml, 레몬주스 80ml, 소금, 후추 약간

 조리방법

모든 재료를 볼에 넣고 거품기를 이용해서 잘 섞어준다. 마지막에 소금, 후추로 간을 한다.

2. 머스타드 비네그레트(Mustard Vinaigrette)

 재료

올리브 오일 250ml, 화이트 와인 80ml, 물 10g, 디종 머스타드 5g, 샬롯 1개, 파슬리 줄기 1개, 소금, 후추 약간

 조리방법

블렌더에 모든 재료를 넣고 갈아준다. 마지막에 소금, 후추로 간을 한다.

3. 라비코트 소스(Ravigote sauce)

 재료

올리브 오일 120ml, 화이트 와인 60ml, 디종 머스타드 1g, 다진 타라곤 1g, 차이브 1g, 다진 파슬리 1g, 다진 쳐빌 1g, 다진 양파 10g, 케이퍼 5g

 조리방법

볼에 모든 재료를 넣고 거품기로 잘 섞어준다.

4. 와인 비네그레트(Wine Vinaigrette)

 재료

올리브 오일 250ml, 레드와인 식초 60ml, 드라이 레드와인 60ml, 소금, 후추 약간, 샬롯 1개

 조리방법

1. 모든 재료를 블랜더에 넣고 갈아 준다.
2. 마지막에 소금, 후추로 간을 한다.

5. 아시안 비네그레트(Asian Vinaigrette)

 재료

땅콩 기름 250ml, 참기름 5ml, 생강 갈은 것 5g, 으깬 마늘 1쪽, 쌀 식초 60ml, 간장 10ml, 물 10ml

 조리방법

모든 재료를 블랜더에 넣고 갈아 준다. 마지막에 간장, 쌀 식초, 후추로 간을 한다.

6. 블루 치즈 비네그레트(Blue cheese Vinaigrette)

재료

마늘 1쪽, 올리브 오일 120ml, 화이트 와인 식초 15ml, 블루 치즈 80g, 소금, 후추 약간

 조리방법

모든 재료를 블랜더에 넣고 갈아 준다. 마지막에 소금, 후추로 간을 한다.

7. 크림 비네그레트(Cream Vinaigrette)

 재료

생크림 120ml, 레드와인 식초 20ml, 소금 조금, 후추 조금

 조리방법

모든 재료를 볼에 넣고 잘 섞어준다. 마지막에 소금, 후추로 간을 한다.

9. 생강 비네그레트(Ginger Vinaigrette)

 재료

올리브 오일 500ml, 화이트 와인 식초 60ml, 레몬주스 30ml, 소금 2g, 후추 1g, 생강 다진 것 15g

 조리방법

볼에 모든 재료를 넣고 잘 섞어준다. 마지막에 소금, 후추로 간을 한다.

10. 모카 소스(Moca Sauce)

 재료

올리브 오일 120ml, 레몬주스 30ml, 식초 15ml, 레드 와인 15ml, 꿀 15g, 방울토마토 5g, 다진 양파 15g, 마늘 15g, 파슬리 다진 것 2g

조리방법

1. 볼에 올리브오일을 넣고 마늘, 양파, 소금, 후추를 첨가한다.
2. 거품기로 젓다가 나머지 재료를 모두 넣고 잘 섞는다. 마지막으로 파슬리 가루와 방울토마토 넣어 마무리한다.

11. 샤프란 비네그레트(Saffron Vinaigrette)

 재료

샤프란 1g, 드라이 화이트 와인 60ml, 올리브 오일 250ml, 샴페인 식초 60ml, 다진 샬롯 1개, 으깬 마늘 1쪽, 다진 파슬리 5g, 디종 머스타드 1g, 레몬주스 30ml, 소금, 후추 약간

 조리방법

1. 와인과 샤프란을 넣고 절반이 될 때까지 졸인 후 식힌다.
2. 볼에 모든 재료를 넣고 골고루 섞는다. 소금, 후추로 간하고 뚜껑을 덮어서 서빙 전까지 냉장보관한다.

12. 양파 비네그레트(Three onion Vinaigrette)

 재료

양파 60g, 샬롯 1개, 쪽파 3개, 샴페인 식초 120ml, 올리브 오일 250ml, 물 10ml, 소금 5g, 후추 5g

조리방법

1. 모든 재료를 블랜더에 넣고 곱게 갈아준다.
2. 마지막에 소금으로 간하고 뚜껑을 덮어서 서빙 전까지 하루 정도 냉장고에 숙성 시킨 다음 사용한다.

13. 토마토 비네그레트(Tomato Vinaigrette)

 재료

올리브 오일 250ml, 발사믹 식초 60ml, 토마토 페이스트 10g, 따뜻한 물 10ml, 다진 타임 5g, 소금, 후추 약간

 조리방법

모든 재료를 볼에 넣고 잘 섞는다. 마지막에 소금, 후추로 간을 한다.

15. 호두 비네그레트(Walnut Vinaigrette)

 재료

호두 오일 80ml, 올리브 오일 160ml, 화이트와인 식초 60ml, 레몬주스 250ml, 물 10ml, 소금 1g, 후추 1g

 조리방법

1. 모든 재료를 블랜더에 넣고 곱게 갈아준다.
2. 마지막에 소금으로 간하고 뚜껑을 덮어서 서빙 전까지 하루정도 냉장고에 숙성 시킨 다음 사용한다.

16. 레드 와인 비네그레트(Red wine vinegrette)

레드와인, 식초, 샬롯(다진 것), 마늘, 올리브유, 디종 머스타드, 물, 차이브, 생바질, 파슬리, 설탕을 믹싱볼에 넣어 준비한다. 그리고 블렌더를 이용해 곱게 섞어준다. 마지막에 소금, 후추를 넣어 농도와 간을 맞춘다.

17. 간장 참기름 비네그레트(Soy sesame vinegrette)

현미 식초, 고수, 참깨를 믹싱 용기에 넣고 곱게 간다. 여기에 물을 이용해 농도를 조절한다. 마지막에 소금, 후추로 간을 하여 마무리한다.

18. 트러플 비네그레트(Truffle vinaigrette)

샬롯, 바질, 타라곤, 식초, 화이트, 트러플 오일, 블랙 트러플 필링, 차이브, 설탕, 올리브 유를 믹싱 용기에 넣고 곱게 간다. 마지막으로 소금, 후추로 간을 하여 마무리한다.

19. 발사믹 비네그레트(Balsamic vinegrette)

발사믹 식초, 올리브 오일, 디종 머스타드, 꿀, 구운 마늘, 샬롯, 차이브, 생바질, 생 타라곤을 모두 넣고 블렌더를 이용해 갈아준다. 여기에 추가로 올리브 오일을 천천히 믹싱 용기에 부어 오일과 나머지 재료가 잘 혼합되도록 한다. 마지막으로 소금, 후추로 간하여 마무리한다.

20. 칵테일 소스(Cocktail sauce)

 재료

케찹, 홀스래디쉬, 우스터 소스, 레몬즙, 소금, 검은 후추 조금

 조리방법

모든 재료를 잘 혼합한 뒤 사용한다.

21. 허니머스터드(Honey mustard)

 재료

머스타드, 홀그레인 머스타드, 꿀, 마요네즈

 조리방법

모든 재료를 거품기를 이용해 잘 섞어준 후 간하여 마무리한다.

06 식초(프렌치 드레싱) 소스에 얽힌 이야기

나는 소스 관련 책을 몇 권 펴냈다. 항상 많은 생각을 하면서 글을 썼다. 요즘은 다양한 분야의 사람들이 요리책을 쓰는 것이 유행이다. 특히 소스 책은 외국서적이 인기를 끌고 있다. 일본 셰프가 쓴 소스 책을 구입해서 읽어보니 이해하기 어려운 수준의 책이었다. 그런데 놀라운 것은 이 책이 7쇄나 찍었다는 인쇄 기록이다.

많은 셰프들이 관심이 많아서 이 책을 구입했는지 궁금했다. 내가 쓴 <소스의 이론과 실제>는 1988년에 썼는데 아직 10쇄를 못 넘기고 있으니 말이다. 얼마 전에 구입한 책을 보니 나의 책에 대한 서평이 있었다. 내 책에 대한 서평을 보니 옛날 생각이 많이 났다.

당시 나는 부서 이동 때문에 신라호텔에서 다른 호텔로 자리를 옮길까 고민하던 때였다. 아마도 인터콘티넨탈 호텔이 개관 전후라고 생각된다. 고민이 되어 친구에게 물어 보았다. 내가 프랑스까지 갔다 왔는데 별안간 사무실로 가라고 하니 그만두는 것이 어떻겠냐고 문의했다. 친구는 한참 생각하더니 직장은 떠나는 것도 용기지만 남는 것도 용기라는 희망을 주어서 계속 신라에서 근무하게 되었다. 아마도 선배들이 보았을 때 유학을 다녀온 후 건방져 보여서 사무실로 보낸 것 같았다.

그 당시는 주방에서 사무실로 가면 인생이 끝난 줄 알았다. 그럼에도 어쩔 수 없이 사무실로 가서 쓰던 책을 정리하기 시작했다. 아마 주방에 있었으면 바쁘다는 핑계로 출판이 쉽지 않았을 것이다. 책은 프랑스에 있으면서 보고, 배우고, 실습해 본 것에다가 서울에서 배운 것을 적은 내용이었다. 솔직히 노트 필기 수준의 원고를 출판사에 가져갔다. 예상대로 원고를 보더니 출판사마다 거절을 했다. 마지막에 형설출판사인 장지익 사장님을 만나서 사정 이야기를 했다. 내가 살아온 얘기를 하고 '내가 초판을 모두 구입할 테니 제발 출판만 해달라'고 부탁하니 이분이 허락하셨다.

편집부의 박미경님이 내 글을 정리하면서 1988년 <소스의 이론과 실제>가 탄생했다. 책을 냈는데 돈이 없어서 후배 김재수 봉급과 내 봉급을 모두 털어서 출판사에 갖다 주고서 나는 휴일이면 책을 들고 호텔마다 찾아다녔다. 보통 5권, 10권씩 구매해 주었다. 조리사가 쓴 책이니 팔아주어야 한다고 많은 주방장님들이 도와주셨다.

책은 판매가 잘되어서 빚은 모두 갚았지만 선배 조리사들에게 젊은 놈이 책 썼다고 야단도 맞았다. 그 당시 조리사가 책을 저술하는 경우는 많지 않기 때문이다. 이 자리를 빌어서 형설 출판사 장지익 회장님, 박미경님, 김재수 후배님 그 외에 내 책을 구입해준 선후배 조리사님들에게 진심으로 감사드린다. 그 후 책의 개정판을 낼 때, 레시피는 그대로 두고 다른 내용을 추가했다. 호텔을 퇴사하고 대학에 가서 강의하면서 백산 출판사에서 출판한 책이 <The Sauce>인데 2,000권을 찍고 더 이상 팔리지 않아서 절판했다. 내용도 중요한데 시대를 반영해야 했는데 그 점이 부족했던 것 같다. 요즘은 인터넷 시대이고 보니 과거와는 다른 것 같다. 인터넷을 보면 만드는 법, 요리의 유래, 주의사항 등이 자세히 나온다. 지금은 현재에 맞는 셰프가 필요하다. 주방에 가보면 책임자는 대개 50대, 그 밑이 40대, 30대, 20대가 공존하며 일하고 있다.

20대를 막내라고 하는데 요즘 막내들이 없다고 야단들이다. 막내들은 인내심이 없고 희망이 없어 보인다고 한다. 그런데 막상 막내들에게 물어보면 반대다. 답답해서 근무하기가 어렵다고 말한다. 일은 힘들지 않은데 주방 분위기가 싫다고 한다. 그래서 조리 분야의 장래가 어둡다고 말하는 사람들도 많다.

셰프 리더쉽

　이 문제 해결을 위해서 몇 가지 제안을 하자면, 우선 세대 간의 벽을 열어야 한다. 위에서부터 젊은이들을 이해하면서 주방 분위기를 바꾸는 것이 우선이다. 조금씩 이해하면서 젊은 막내들에게 희망을 주어야 한다. 막내들도 조금 아는 지식을 내세우지 말고 인내심을 가지고 경험을 쌓는 것에 만족하는 직업의식이 필요하다. 학교에서 배운 실력만으로는 성공적인 인생을 살 수가 없다. 학교 공부는 살면서 실수를 줄이는 지식일 뿐이다.

　두 번째로는 리더십을 키워야 한다. 세대별로 후배 양성을 위한 리더십이 필요하다. 일하면서 후배들에게 잔소리가 아닌 진짜 필요한 얘기를 해주어야 한다. 충성스런 부하를 삼으려면 많은 연구가 필요하다. 주방에서 적극적이고 능동적으로 일하는 직원을 만들어야 한다. 회사에서 사고가 나지 않으려면 잔소리 안 해도 내가 하는 것 이상으로 일을 잘해내는 부하직원으로 교육시켜야 한다. 이것이 리더십이다.

　리더십은 주방장만의 일이 아니다. 자기 밑의 사람에게 본인의 능력을 보여줄 필요가 있다. 잔소리는 작업능력이 탁월한 사람만이 할 수 있다. 주방에서 일을 능동적으로 할 수 있는 분위기를 만드는 것은 대단한 리더십의 산물이다.

　세 번째로는 규율을 잘 지키는 것이다. 모든 일은 원칙을 정해놓고 그대로 실시하는 것이다. 호텔에서는 전공자와 관련 없이 아무 부서에 보내서 인력을 활용한다. 대개는 힘든 부서에 배치되는 경우가 많다. 필자가 호텔에서 인턴을 하는 학생들을 면담할 때 그들은 만나보면 무조건 울기부터 한다. 너무 서러워서, 얼마나 서러우면 지도교수를 만나서 이렇게 울까 생각해본다. 그런데 이것은 학생의 잘못이기보다는 학교에서 인턴 나가기 전에 인턴에 대한 규칙을 자세히 설명해 주지 않은 탓이다. 방학 중의 인턴은 후일 직업에 대한 바탕을 만드는 시작이기에 중요하다. 인턴을 잘해야 성공할 수 있다고 필자는 믿는다.

　호텔에서도 주방 식구들에게 엄격한 평가 기준으로 일을 처리하고 진급시키고 상벌을 정한 대로 하면 처음에는 힘들어도 믿음이 가는 분위기로 변한다. 열심히 노력하면 성공할 수 있다는 생각을 모두가 믿게 해야 한다.

주방에서는 원칙보다는 비원칙이 우선시 되는 경우가 허다하다. 그래서 더욱 더 발전이 어렵다. 좋은 후배가 적어지면 우리 분야는 점점 더 악순환이 된다. 모두가 노력하면 그 대가가 돌아온다는 생각을 가져야 하고, 좋은 셰프가 되기 위해서는 좋은 선배를 잘 만나면 큰 도움이 된다.

내가 모셨던 이향천 사장님의 '아무리 좋은 묘목도 좋은 주인을 만나 좋은 땅에 심어 물주고 가꾸어야 좋은 재목으로 탄생한다.'는 말씀이 꼭 맞는 것 같다.

기대를 많이 하고 있으면 실망도 크다. 아마도 내가 너무 제자를 믿어서일 것이다. '믿지 말고 사랑하라'고 하시는 말씀도 맞는 것 같다. 제자가 현장을 너무 믿은 나머지 실망이 커서 조리사를 포기한 것은 아닐까 하는 생각이 든다. 그러나 주방에서 적응 못한 제자들이 다른 분야로 가서 성공한 경우도 많다.

학교 다닐 때 장애인 봉사도 하고 내가 강의를 모두 수강한 모범생이 있었다. 사회성도 우수하고 친화력이 좋아서 좋은 셰프가 될 것으로 믿었는데 주방을 그만 두고 지금은 수학보습학원을 잘 운영하고 있다. 이 학생의 경우는 현장에 가서 여건이 안 됨을 알고 과감히 정리한 다음 새로운 길을 찾은 좋은 경우지만 여기저기 다니면서 세월만 보내다가 다시 주방으로 오는 제자들도 있어 안타깝다. 처음에 주방선배를 잘못 만나서 그런 일이 생겼을 거라는 생각이 든다.

얼마 전 박홍연 선배 원로 교수님으로부터 좋은 선물을 받았다. <The Food Lab>이란 책인데 미국 M.I.T. 졸업 후, 셰프로 8년 근무한 경력으로 요리를 분석하고 실험하면서 정리한 책이었다. 책을 보면서 많은 반성을 했다. 이책은 셰프들이 보면서 요리 연구를 하면 좋을 것 같다. 조리의 원리가 자세히 나와 있다. 셰프가 일하면서 실험하면서 노하우를 터득해야 하지만 바쁘다는 핑계와 현실에서는 여건이 안 맞아서 어쩔 수 없다는 생각 때문에 쉽지는 않다. 내가 충격받은 것은 식초 드레싱은 식초보다는 기름이 상추를 숨을 죽인다고 한다. 실험해본 것을 자세히 기록해놓은 것을 보고 놀랐다. 그래서 나도 초보 시절 적어 놓은 수첩이 있어서 소개해 보고자 한다.

▶ 샐러드 숨을 죽이는 것은 식초가 아니고 기름이다.
▶ 드레싱은 오일 식초 비율이 3:1이 실험 결과 샐러드에 소스가 붙는 접착력이 우수하고 맛이 안정적이라고 한다.
▶ 우리나라 식초는 강해서 5:1이 적당하다.
▶ 외국인은 부드러운 과일 식초를 사용한다.
▶ 더운 식초 소스는 고기 구울 때 사용한다. 이때 오일은 땅콩기름을 사용한다.
▶ 소스 맛볼 때 상추쌈으로 맛을 본다.
▶ 식초 소스에 생과일 넣으면 냉장고에서 일주일 정도 사용 가능하다.
▶ 겨자를 넣으면 덜 분리된다.
▶ 올리브 오일 오래두고 쓰려면 냉장고 보관한다.

호텔에서 근무할 때 나는 다음과 같은 것을 실험해보고 싶었다.

- ▶ 정제 버터와 식초를 섞어본다.
- ▶ 닭 육수를 넣는다.
- ▶ 과일 즙을 넣는다.
- ▶ 프렌치드레싱에 매실청을 넣는다.
- ▶ 들기름을 식초와 섞는다.
- ▶ 마요네즈를 섞는다.
- ▶ 간장을 섞는다.
- ▶ 바닐라에 프렌치드레싱을 섞는다(1:1)
- ▶ 수박 즙을 갈아서 섞는다.
- ▶ 된장을 섞는다.
- ▶ 청국장을 섞는다.
- ▶ 씨없는 포도를 넣는다.

10년 전에 풀무원에 소스 자문교수를 한 적이 있다. 이 당시 제품 계발에 참여한 것은 발사믹, 시저, 오리엔탈드레싱이었다. 그때는 드레싱이 인기가 적을 때였다. 그래서 시저 드레싱을 만들자고 제안했다. 발사믹과 오리엔탈은 다른 회사에서 만들어 인기리에 판매하고 있었다. 원래 식품회사에서는 시품을 출시할 때는 세 개를 출시한다. 보통 세 개중 하나는 히트를 한다고 말한다. 나는 우리나라 최초의 드레싱 1등이 시저, 2등이 발사믹, 3등이 오리엔탈인줄 알았다. 시판해보니 반대였다. 오리엔탈 1등, 발사믹이 2등, 시저 3등이었다.

제품 개발자와 소비자의 거리는 항상 있다. 아는 분이 블로그를 운영하기에 '여기에 올린 다음 인기가 있지 않았나'하는 생각도 들었다. 맛도 중요하지만 홍보의 영향도 무시할 수 없는데, 오리엔탈은 샐러드에 곁들이는 것이 아니고 풀무원 두부에 곁들인다고 홍보한 것도 성공비결 중 하나라 생각한다.

지금도 시저가 있는지 며칠 전 롯데 마트에 가보니 시저드레싱이 인기 있다고 한다. 손님들의 기호는 항상 유동적임도 셰프들은 알아야 한다.

　박물관에서도 체험학습을 기획하면서 샐러드와 드레싱 실험을 시도해 보고 싶다. 간단한 샐러드와 드레싱은 부담도 적고 인기가 있을 것 같다. 식초 드레싱은 발사믹이 요즘 인기가 있다.

　얼마 전 조리박물관 실습실에서 고등학교 학생들에게 드레싱에 관한 강의를 한 적이 있다. 이들에게 요즘 인기 있는 발사믹, 이탈리안, 시저를 시연하여 보여주었더니 모두들 흥미로워 했다. 앞으로는 더운 소스까지 선보일 예정이다.

한국 불란서 요리 연구회- acf(최수근 제공, 1985년, 한국 조리박물관 소장)

MAYONNAISE SAUCE

달걀 노른자와
오일 베이스
소스

01. 마요네즈 소스 개요
02. 마요네즈 소스 트랜드
03. 마요네즈 소스의 비밀
04. 클래식 마요네즈 소스
05. 파생 마요네즈 소스
06. 마요네즈 소스에 얽힌 이야기

01 마요네즈 소스 개요 Overview of Mayonnaise Sauce

식품공전을 살펴보면 마요네즈는 수중유적형(O/W형) 유화식품이며(식품공전 2015), 식용유 함량은 65% 이상, 식초 함량은 2.5% 이상으로 규정되어 있다. 식생활의 서구화로 수요가 크게 증가하여 각 가정에서도 널리 사용되며, 식물성 기름과 계란 노른자, 식초를 유화시켜 소금이나 설탕을 첨가한 조미식품으로 일상의 기초 조미료가 되어 왔다. 이러한 마요네즈의 소비를 증가시킨 것은 채소 재배 기술의 향상에 따른 보급과 관련이 있다.

마요네즈는 식용유지와 난황 및 식초를 기반으로 식염, 당류, 향신료 등의 원료를 사용하여 유화시킨 조미식품으로 소스류에 포함되며, 마요네즈에 사용되는 난황에는 영양소가 많아 완전식품으로 불리며, 유화성, 장기 보존성, 기포성, 응고성과 같은 특성을 갖고 있다. 마요네즈는 기본 형태로 사용되기도 하지만 5대 모체 소스 중 하나로서 다양한 소스 제조 시 배합비율과 부재료 첨가에 따라서 다양하게 활용될 수 있다. 이러한 마요네즈를 이용한 소스로는 사우전드 아일랜드 드레싱이 있다. 이 드레싱은 마요네즈에 케첩, 피클, 양파 등의 재료가 들어간 대표적인 마요네즈 드레싱이다.

마요네즈라는 말의 기원에는 여러 가지 주장이 있지만 가장 유력한 것은 프랑스 루이 15세 시대였던 1756년, 영국과 교전 중이었던 프랑스군의 원수 Richelieu공작이 지중해의 미놀카(Minorca)섬을 점령하였을 때, 마혼(Mahon)항에서 사람들이 먹는 소스가 매우 맛있어 본국에 가지고 돌아왔고 지명을 따서 초반에는 Mahonnaise라고 불리다가 후에 Mayonnaise로 이름이 변했다는 설이다.

02　마요네즈 소스 트랜드　Mayonnaise Sauce Trend

　우리나라에서 호텔과 레스토랑에서 가장 많이 사용되는 소스 중 한 가지가 바로 이 마요네즈 소스인데 이 소스는 토핑, 드레싱, 딥, 스터핑 등 거의 모든 차가운 콜요리 전반에 사용이 가능하며 간단하게 다른 식재료를 첨가함으로서 매우 쉽게 다양한 파생 소스를 만들 수 있는 장점이 있다. 또한 대중적으로 매우 선호하는 새콤하고 고소한 맛을 내며 어떤 식재료와도 잘 어울리기 때문에 많은 사람들이 좋아하는 소스이기도 하다.

　직접 만든 수제 마요네즈는 시판되는 완제 마요네즈 보다 풍미가 뛰어나고 질감이 부드럽다. 또한 사용하는 오일과 식초에 따라 독특한 맛과 다양한 질감을 얻을 수 있기 때문에 고급 레스토랑에서는 요리에 가장 적합한 마요네즈를 만들어 사용한다.

　직접 만들어 사용하는 수제 마요네즈는 계란 노른자의 유화작용을 이용하여 기름과 식초를 섞어주는 유지 소스로 생계란 노른자를 사용하고 냉장상태보다 약 18도의 상온에서 가장 부드럽고 맛이 좋기 때문에 위생상 당일 사용량을 만들고 남은 것은 폐기를 해야 한다. 우리나라에서는 일반적으로 식용유를 사용하지만 외국에서는 향이 거의 없는 땅콩기름, 해바라기씨유, 포도씨유, 카놀라유 등을 사용하며 향이 강한 버진 올리브 오일 등은 특별한 용도 이외에 사용하지 않는다. 사용되는 오일에 따라 점성과 맛이 다르고 신선한 계란을 사용하는 것이 위생상 좋다.

　요즘 호텔에서 대량으로 직접 수제 마요네즈를 만들어 그대로 사용하는 경우는 매우 드물다. 우선 위생적으로 매우 취약하여 대량으로 사용할 시 매번 서비스 직전에 만들어야 하는 어려움이 있고, 남은 소스를 활용하기 어렵기 때문이다. 또한 마요네즈 외 다양한 콜드 소스들이 많이 사용되고 있으며, 워낙 대중화된 소스라 고객들이 마요네즈 소스를 예전처럼 특별하게 여기지 않기 때문이다. 결정적으로 최근 건강식에 대한 관심이 매우 높아지고 실제로 다양한 건강식 식단을 컨셉으로 하는 식당들과 반조리제품(Meal Kit)이 보편화되면서 건강에 좋은 식물성 오일과 식초 등으로 만들어진 가벼

운 드레싱을 선호하는 경향이 있어 호텔이나 레스토랑에서 마요네즈 계열의 소스를 플레인 요거트나 사워크림, 우유 등을 첨가하여 좀 더 가벼운 질감의 소스로 만들어 제공하는 추세이다(90년대 마요네즈 베이스의 사우전 아일랜드 드레싱을 대중적으로 매우 인기가 있었는데 요즘은 오일 계통이나 플레인 요거트를 베이스로하는 소스를 많이 제공하고 있다).

필요에 따라 수제 마요네즈를 만들어 프랑스식 칵테일 소스나 마늘, 올리브오일을 넣어 풍미를 강화시킨 파생 소스를 만드는 모체 소스로 사용하기도 하고 타르타르 소스나 계란의 풍미를 살린 마요네즈를 만들어 사용하기도 하지만 호텔 연회나 뷔페 등에서는 시판되는 마요네즈를 사용하는 경우가 많다. 위생적으로 안전하고 맛과 질감이 일정해 대량으로 와사비, 칠리 소스, 머스터드, 삶은 계란 등을 넣어 맛과 품질이 균일한 다양한 소스를 만들기 용이하기 때문이다.

-송용욱 셰프-

03 마요네즈 소스의 비밀 The Secret of Mayonnaise Sauce

마요네즈 소스는 차가운 에멀전 소스의 가장 기본이 되고 대표적인 소스이다.
현대인의 식탁에서 가장 대중적인 소스 중 하나라고 여겨진다.

서양 요리에 입문해서 가장 초창기에 만들어 보게 되는 한 가지의 온전한 소스가 바로 마요네즈 소스가 아닐까 생각한다.

그래서인지, 이 마요네즈 소스 만들기와는 유독 에피소드가 좀 색다른 것 같다.

노른자, 머스터드, 식용유, 식초를 혼합하여 만드는 간단한 소스지만 처음 만들 때 분리될까봐 걱정을 많이 하며 만들기 시작하는 소스다. 분리되면 다시 만들기를 반복하곤 했다.

이론적으로 노른자의 유화(기름과 잘 섞이는 성질)를 이용한 대표적인 소스지만 개인적인 경험과 소견으로는 국내에서 유럽산 식재료들이 본격적으로 수입되기 전 90년대 초·중반까지는 마요네즈를 만들 때 미국산 겨자 제품(prepared mustard)을 사용했다. 이 미국산 겨자는 묽고 점성이 약해서 마요네즈 소스를 만들 때 사용하면 빈번하게 분리되곤 했다.

90년대 중반 이후로 본격적으로 유럽의 식재료들이 수입되고부터 현장에서 마요네즈 소스를 만들 때 프랑스산 디종 머스터드를 사용하기 시작하고부터는 분리되는 경우를 거의 보지 못했고, 식용유(대두유, 채종유, 올리브유 등)의 종류도 다양해지며 그 용도와 목적에 따라 사용하게 되면서 레스토랑 주방에서는 본격적인 마요네즈 소스의 응용이 이루어졌다. 볼에 노른자, 디종 머스터드, 소금, 후추를 섞고 식용유를 혼합하면서 섞으면 노랗게 한 덩어리 뭉쳐지면서 고형화되기 시작한다 이 때 식초를 몇 방울 떨어뜨려 섞으면 하얀 색으로 변하면서 곧 사서 먹는 시중의 제품과 같은 색, 질감이 만들어지고 더 고소한 맛에 내심 뿌듯해하기도 했다.

마요네즈 소스를 만들 때 묽은 올리브 오일을 사용하는 경우도 많아지면서 대량 생

산 시에 보관의 문제로 고민하던 차에 국내에서 프랑스 쉐프와 일하면서 많은 인원이 참석하는 오프닝 파티를 준비하게 되었다. 300인분의 다양한 카나페 메뉴를 준비하며 대량의 마요네즈 소스를 만들어야 할 때 키친에이드 볼에 노른자, 디종 머스터드와 소금을 넣고 분량의 포도씨유를 넣으라고 하는 것이다. 왜? 포도씨유냐고 물으니 쉐프는 포도씨유로 마요네즈 소스를 만들면 산 성분으로 인하여 대량의 마요네즈를 냉장 보관하여 편히 사용할 수 있다는 것 이었다.

   올리브 오일은 냉장고 안에서 굳어버리기 때문에 사용할 때나 먹을 때 상온 온도가 되면 그 구조감이 깨져서 살짝 분리되어 맛과 풍미가 안 좋게 변하는 것을 확인했다.

   이론적으로. 완성된 마요네즈 소스의 보관은 그늘진 서늘한 상온에서다.

   참고로 프랑스나 유럽에서는 주방에서 주로 튀김이나 조리용으로 올리브유보다 더 보편적으로 사용되는 것이 땅콩 기름(Huile d'arachide)인데 우리나라 방앗간에서 짜내는 땅콩기름이 아니라 땅콩 추출유라고 생각하면 되는데 마요네즈, 샐러드 드레싱 등을 만들면 훨씬 더 고소하고 풍미가 좋았던 기억이 난다. 그래서 프랑스에 있는 맥도

날드의 감자튀김이 서울보다 훨씬 더 고소하고 바삭하고 맛있다는 것을 많은 분들이 경험했으리라 본다.

또, 한 가지 특이점은 이 마요네즈 제조 시에 우리는 주방에서 주로 스테인레스 믹싱 볼을 많이 사용하는데 대량 제조 시 거품기의 금속과 스테인레스 볼의 금속 성분이 내용물을 섞을 때에 마찰하여 일어나는 마찰열로 인해 좋지 않은 결과가 만들어진다고 하여 그런 사실을 인지한 이후부터는 항상 유리 볼에 마요네즈 소스를 만들고 있다.

간혹 일반인들을 위한 요리 특강 때 이 마요네즈 소스를 시연하고 샐러드 실습을 같이 해 보았을 때 가정에서 식구들을 위해 맛있고 고소한 마요네즈를 건강하게 소량씩 만들어 볼 생각에 뿌듯해하는 수강생들을 보며 나 자신도 보람을 느꼈던 기억이 난다.

-장병동 셰프-

04 클래식 마요네즈 소스 Classic Mayonnaise Sauce

클래식 마요네즈 Classic Mayonnaise

마요네즈 소스는 드레싱과 같은 용도로 사용할 수 있다. : 차가운 요리와 곁들이는 소스로 제공되거나, 샐러드의 재료로 사용한다.

 재료 : (300ml의 마요네즈를 만들 수 있는 양)

달걀 노른자 : 2개
오일 : 250ml
식초 혹은 레몬즙 : 10ml
소금 : 3g
후추 : 약간

 조리방법

1. 믹싱 볼에 달걀 노른자를 넣고 거품기를 이용하여 소금과 후추 및 준비된 양의 절반인 식초 혹은 레몬즙을 첨가하여 잘 섞어준 후 1~2분간의 안정화 시간을 가진다.
2. 안정화가 진행된 노른자에 오일을 조금씩 떨어뜨리며 거품기로 저어 주기 시작한다.
3. 모든 재료가 잘 섞어지기 시작하면 첨가해 주는 오일의 양을 조금씩 증가시킨다.
4. 얼마 지나지 않아 소스가 약간의 농도를 띄기 시작할 것을 확인할 수 있다.
5. 마요네즈 소스가 원하는 농도를 가지게 되면 식초를 몇 방울 다시 첨가한다.
6. 레몬즙이 첨가된 마요네즈는 적당한 농도로 다시 변하게 되는 것을 확인할 수 있을 것이다.
7. 위의 과정을 준비한 오일 모두 사용할 때까지 몇 차례 반복한다.
8. 오일을 모두 첨가했을 때 뜨거운 물 1T을 넣어 주고 잘 섞어준다.

9. 이 과정은 만약 여러분이 마요네즈를 바로 사용하지 않을 때, 충분한 시간 보관을 쉽게 해주기 위함이다.

출처 : Les Sauces Recettes et Conseils Pratiques,
COMPAGNIE PARISIENNE D`EDITIONS TECHNIQUES & COMMERCIALES, PARIS, FRANCE.

05 파생 마요네즈 소스

1. 아이올리(Aioli)

 재료

다진 마늘 30g, 계란 노른자 2개, 소금, 후추 조금, 으깬 감자 80g, 레몬 주스 10ml, 올리브 오일 250ml

 조리방법

1. 마늘을 곱게 다진다. 볼에 계란 노른자와 소금, 후추, 감자를 넣고 한 방향으로 계속 오일을 넣어주면서 섞는다.
2. 추가로 레몬주스도 넣어 준다.
3. 오일이 완전히 유화되었을 때 소금과 후추를 넣어 마무리한다.

2. 알렉산드라 마요네즈(Alexandra Mayonnaise)

마요네즈에 체에 내린 삶은 계란 노른자와 소금, 드라이 머스타드로 간을 하고 다진 처빌로 가니쉬한 마요네즈 드레싱.

3. 불가리안 마요네즈(Bulgarian Mayonnaise)

마요네즈에 토마토 소스, 레몬 주스와 화이트 와인을 넣고 데친 셀러리 뿌리를 다이스로 썰어 가니쉬한 마요네즈.

4. 캘리포니안 마요네즈(Califonian Mayonnaise)

마요네즈에 생크림과 토마토 케첩, 우스터 소스와 타바스코, 파프리카, 레몬주스로 간을 한 마요네즈 소스.

5. 샹티이 마요네즈(Chantilly Mayonnaise)

마요네즈에 생크림과 레몬 주스를 섞어 만들어진 마요네즈.

6. 그린 마요네즈(Green Mayonnaise)

 재료

마요네즈 250g, 다진 타라곤 5g, 다진 파슬리 5g, 다진 물냉이 5g, 다진 바질 5g

 조리방법

마요네즈에 모든 재료들을 넣고 잘 섞어 만든 마요네즈.

7. 빈센트 마요네즈(Vincent Mayonnaise)

그린 마요네즈와 타르타르 소스를 1:1 비율로 섞어준다.

8. 햄버그 마요네즈(Hamburg Mayonnaise)

레몬 제스트와 설탕, 마데라 술을 몇 방울을 첨가한 마요네즈 소스.

9. 마르세유 마요네즈(Marseille Mayonnaise)

다진 성게를 퓨레로 만들어 마요네즈와 잘 섞은 소스.

10. 멕시칸 마요네즈(Mexican Mayonnaise)

앤쵸비를 다져 마요네즈와 잘 섞고 초록 피망과 레드 피망을 다이스하여 가니쉬한 소스

11. 모카 소스(Moca Sauce)

 재료

마요네즈 300g, 레몬 즙 30g, 식초 20ml, 꿀 15g, 우유 60ml 디종 씨 겨자 15g
페코리노 치즈 30g, 올리브 오일 30ml, 레몬 껍질 5g, 바질 2g, 소금, 후추 조금
양파 5g, 마늘 5g, 베이컨 구운 것 10g

 조리방법

마요네즈에 준비한 재료를 모두 넣고 잘 섞어서 만든 마요네즈

12. 머스캣어 마요네즈(Musketeer Mayonnaise)

 재료

다진 샬롯 1개, 드라이 화이트 와인 50ml, 브라운 소스 10g, 카이엔 페퍼 1g
마요네즈 250g, 다진 차이브 5g

 조리방법

1. 샬롯을 화이트 와인에 넣고 10g가 될 때까지 끓인 다음 브라운 소스와 카이엔 페퍼를 넣고 부드러워질 때까지 젓는다. 그리고 식힌다.
2. 졸인 것과 차이브를 마요네즈에 넣어 마무리한 소스.

13. 오리엔탈 마요네즈(Oriental Mayonnaise)

마요네즈에 간장과 고춧가루, 마늘, 양파를 다져 넣은 마요네즈 소스.

14. 스페니시 마요네즈(Spanish Mayonnaise)

마늘과 머스타드, 파프리카로 간을 하고 다이스한 햄으로 가니쉬한 마요네즈 소스

15. 타르타르 소스(Tratar sauce)

 재료

마요네즈 250g, 다진 양파 10g, 체에 내린 계란 노른자 1개, 다진 쳐빌 10g

 조리방법

모든 재료를 마요네즈에 넣고 잘 섞은 소스.

16. 발렌타인 마요네즈(Valentine Mayonnaise)

마요네즈에 머스타드로 간을 하고 갈은 홀스레디쉬와 다진 타라곤을 같이 섞어준 마요네즈 소스.

17. 허브 크림(Herb cream)

 재료

마요네즈 120g, 화이트 와인 식초 10ml, 바질 다진 것 5g, 파슬리 다진 것 5g
타라곤 다진 것 5g, 생 크림 60g, 소금, 후추 약간

 조리방법

모든 재료를 볼에 넣고 잘 섞어준다.

18. 머스터드 피칸 마요네즈(Mustard pecan Mayonnaise)

 재료

마요네즈 180ml, 디종 씨 겨자 20g, 다져 구운 피칸 120g, 레몬주스 10ml
소금, 후추 약간

 조리방법

마요네즈에 모든 재료를 넣고 거품기로 잘 섞어준다. 소금, 후추로 간한다.

19. 시저 드레싱(Ceasar dressing)

디종 머스타드, 엔초비, 우스터 소스, 마늘, 샬롯, 레몬주스를 넣고 블렌더로 간다.
간 재료를 마요네즈와 버터 밀크를 넣고 오일과 식초를 천천히 넣으며 블렌더를 이용해 곱게 잘 섞어준다. 마지막으로 물을 이용해 농도를 조절한 뒤 간을 하여 마무리한다.

20. 와사비 아이올리(Wasabi aioli)

 재료

마늘, 현미 식초, 와사비 분말, 마요네즈, 마늘 가루, 양파 가루

 조리방법

1. 모든 재료를 믹싱 볼에 넣고 부드러워 질 때까지 섞어준다.
2. 소금, 후추로 간을 하여 마무리한다.

21. 스파이시 마요네즈(Spicy mayonnaise)

 재료

마요네즈, 스리라차, 참기름, 간장

 조리방법

1. 모든 재료를 넣고 곱게 잘 섞어준다.
2. 간장으로 간을 하여 마무리한다.

22. 블루 치즈 드레싱(Blue cheese dressing)

마요네즈, 샤워 크림, 생크림, 딜(다진 것), 마늘을 준비한다. 블루치즈를 제외한 모든 재료를 넣고 블렌더를 이용해 섞는다. 마지막에 치즈를 넣고 휘퍼를 이용해 섞어준다. 그리고 소금, 후추로 간을 하여 마무리한다.

23. 케이퍼 딜 아이올리(Caper dill aioli)

마요네즈 케이퍼(곱게 다진 것), 딜(다진 것), 구운 마늘, 레몬주스를 알맞게 잘라서 준비한다. 모든 재료를 믹싱 볼에 넣고 섞는다. 소금과 검은 후추로 간하여 마무리한다.

06 마요네즈 소스에 얽힌 이야기

마요네즈 소스는 내가 미대사관 cold 주방에서 일할 때 만들던 소스이다. 그 당시 호텔에서도 초보 조리사들이 이 소스를 만들었다. 주방장 들은 주로 더운 소스를 만들고 여자나 초보들은 주로 찬 소스를 제조했다.

이 소스는 찬 소스의 기본이 되기에 항상 재고가 있어야 한다. 이 소스 있어야 파생 소스를 만들 수 있다. 따우젼드아일랜드 드레싱, 타르타르 드레싱 등은 이 소스에서 파생되어진 것이다. 이 소스는 만들 때 분리가 잘 되는 골치 아픈 소스이다. 나도 많이 망친 기억이 난다. 망치면 그날은 혼나는 날이다. 그래서 분리 안 되는 방법을 여러 가지 생각해 보기는 했지만 쉽지 않았다. 그래서 내가 쓴 <소스의 이론과 실제> 책에 마요네즈 이야기를 자세히 쓴 것 같다. 이 책이 나오고 후배들은 그래도 조금은 위안이 되었을 것이다. 80년대 초반만 해도 지침서가 전혀 없었다.

후배님들은 이해가 안 될 것이다. 정말 맨 땅에 헤딩하는 격이다. 분리 안 되게 하는 법을 초보끼리 공유하던걸 적어보면 다음과 같다.

- ▶ 용기가 중요하다. 스테인리스가 좋다. 알루미늄은 마요네즈 색이 검게 된다.
- ▶ 크림, 서양 겨자 넣으면 분리가 안 된다.
- ▶ 마요네즈는 온도가 중요하다.
- ▶ 노른자, 용기, 오일의 온도가 실온이 좋다.
- ▶ 식초보다는 레몬 즙이 향과 맛이 좋다.
- ▶ 마요네즈는 향이 강하지 않은 올리브 오일이 적합하다
- ▶ 마요네즈 만들 때 오일 넣는 속도와 거품기 젓는 속도가 적당해야 한다.
- ▶ 마늘을 으깨서 다져 넣는 것이 향이 강하다.
- ▶ 마요네즈는 찬 요리와 빵에 잘 어울린다.
- ▶ 마요네즈 소스는 피클 주스로 농도를 맞춘다.

- ▶ 식초는 과일 식초가 마요네즈에 유용하게 쓰인다.
- ▶ 대량으로 제조하는 마요네즈는 맛과 향이 떨어진다.
- ▶ 마요네즈를 냉동시키면 안 된다.
- ▶ 마요네즈는 계절에 따라 온도 조절이 요구된다.
- ▶ 마요네즈가 분리되면 더운 물로 살린다.

이정도가 우리 초보들의 노하우 노트 내용이다.

나는 마요네즈 기초 과정을 미 대사관에서 마치고 하얏트 호텔로 자리를 옮겼다. 여기오니 모든 것이 대량 생산이었다. 여기서도 cold에서 근무하면서 많이 배웠다. 마요네즈는 달걀 노른자에 오일과 식초 겨자, 소금, 후추를 넣어서 유상액에서 반고체로 한 소스이다. 이 소스는 1990년대 와서 처음으로 주방에서 안 만들고 오뚜기 제품을 사다가 쓰기 시작했다. 이유는 많다. 당연히 원가절감이고 둘째는 업무효율이었다. 맛이나 기술 습득은 뒤로 밀렸다. 아마 지금은 구입해서 쓰는 것이 당연한 것일 것이다.

아쉬운 것은 것은 마요네즈 만들 줄 아는 셰프가 적어졌다는 것이다. 하지만 지금은 시대적으로 당연히 받아들여야 한다. 마요네즈 만들 시간에 다양한 파생 소스를 개발하여 고객에게 제공하여 매출을 올려야하는 것이 맞을 수도 있다. 모체 소스는 전문 업체에 의뢰하여 제조하여 구입하는 것도 좋을 것 같다는 생각을 해 본다. 나는 학교에서 모든걸 교과서적으로 가르친다. 원리 원칙대로 현장에서 보면 대답할 정도로 천천히 지도하는 스타일이다. 학교에서 정도가 무너지면 안 된다는 생각이 앞서기 때문이다.

수업을 하면서 필자는 학생들에게 '요리가 예술이냐, 과학이냐'는 질문을 자주 한다. 그러면 대부분의 학생은 '예술'이라고 답한다. 물론 요리는 과학이면서 예술이지만 학생의 입장에서는 예술이라기보다는 과학임에 틀림없다. 조리를 과학적으로 이해해야만 도움이 되고, 과학적인 이론의 바탕 위에서 요리를 해야 항상 좋은 요리가 만들어진다.

요리를 잘하려면 몇 가지 알아두어야 할 점이 있다. 우선 조리 원리에 의한 기초 조리법을 습득해야 한다. 또한 요리는 맛이 있어야 하고, 조화가 잘 되어야 하고, 보기가 좋아야 하고, 위생적이어야 한다. 이러한 과학적인 조리방법 등을 숙지하여 식품의 향과 성분이 자연 그대로 유지되는 원리에 따라 조리해야 한다. 또한 조리를 하기에 앞서

요리재료, 즉 식재료의 선택이 중요하다. 원래 맛있고 좋은 요리를 만들기 위해서는 요리재료가 신선해야 한다. 최고의 재료가 최고의 요리가 된다고 할 수 있다. 이와 같은 원칙을 지키며 여기에 정성을 가미한다면, 그 요리는 어디에 내놓아도 손색없는 요리가 된다.

하지만 맛의 기준은 개인의 취향에 따라 다르므로 요리의 참맛을 고르기란 쉽지 않다. 그래서 늘 특정 음식을 앞에 두고 고민하는 경우가 많이 생긴다.

필자는 고향이 강원도이지만 많은 시간을 서울에서 보내 입맛은 서울 음식 맛에 가까워졌다. 그런데 전 경주에서 일할 때, 음식 맛이 모두 달라 고생을 많이 했다. 요즘은 또 다시 입맛이 경상도에 길들여져 서울 음식은 싱거워서 못 먹을 지경이다. 며칠 전 한 식당에서 식사를 마친 뒤 같이 간 분이 필자에게 이런 질문을 했다. "이 집 음식 맛은 어때요?"라는 질문을 받고 '드디어 올 것이 왔구나'하고 생각했다. 어떤 음식을 먹든 같이 간 분들은 꼭 그런 질문을 한다. 그러한 질문에 필자는 항상 긍정적으로 답한다. "괜찮았어요"라고. 어떤 분들은 필자에게 평론가적인 답을 얻기를 원한다. 그러면 그 식당의 특징과 문제점 등을 자세히 말해준다. 맛의 기본, 식기, 음식의 온도, 음식의 고명, 서비스, 분위기 등을 나름대로 이야기해준다.

조리사는 맛의 지휘자

어떤 음식이든지 맛이 없는 것은 없다. 단지 각자의 입맛이 다르기 때문에 다양한 평가가 나오기 마련이다. '맛의 창조자'는 어머니이다. 우리의 어머니들은 조리사 자격증을 가지고 있는 분들이 적지만 가족들의 입맛을 알고 식구들의 입맛에 꼭 맞는 음식을 제공한다. 그러나 식당에서 일하는 조리사들은 가족이 아닌 만인의 입맛에 맞추어야 하므로 어머니보다 훨씬 어렵게 요리를 한다. 고객의 입맛에 꼭 맞는 요리를 들기란 아무리 맛의 창조자라 해도 쉽지 않다.

그래서 필자는 '6대4'라는 비율을 제시하곤 한다. 즉 10명 중 6명의 입맛을 잘 맞추면 성공한 조리사란 뜻이다. 특히 한식의 경우, 각자의 입맛이 각자의 어머니의 손맛에 따라 길들여져 있기 때문에, 고객의 입맛에 꼭 맞는 음식을 만들기란 어려운 일이다.

필자는 신라호텔에 근무하면서 많은 연회를 진행했다. 연회를 진행하다보면 여러 가지 상황에 직면한다. 때로는 대형 파티를 마친 후 많은 고객으로부터 '맛이 짜다, 싱겁다'는 등 항의와 함께 맛있다는 칭찬을 듣기도 한다. 칭찬은 감사하지만 항의 전화는 모든 조리사들을 피곤하게 만든다.

어떤 때는 상사로부터 질타를 받았지만, 부하 직원들한테 그 지시를 전달하기가 정말 싫어서 나름대로 맛의 기준을 만들었다. 조리사들이 모여 고객들의 짠맛 기준점을 정한 다음, 모든 신라호텔 요리의 염도를 똑같이 맞추어 요리하기로 했다. 그러자 그 후부터는 항의 전화가 와도 당당하게 염도의 기준점을 말 할 수 있었다.

조리사들은 요리를 만들면서 제 1의 맛이 소금이고, 제 2의 맛이 소스, 제 3의 맛이 발효의 맛이라고들 한다. 그래서 유럽에서는 같은 향신료라고 해도 바닷바람을 많이 받은 것을 제일로 여긴다.

요리는 전통과 유행, 주관이 조화를 잘 이루어야 한다. 특히 주관적인 맛을 창조하는 조리사의 역할이 중요하다. 때문에 조리사는 미래를 창조하는 마음으로 요리를 해야 한다고 많은 학생들에게 지도했다. 나는 실무 강의도 좋아했지만 이론 강의도 선호했다. 특히 요리를 예술이라는 생각을 평생 해왔다. 이 생각은 셰프들에게 요리를 예술로 보아야 평론이 가능하기에 이런 애기를 여러 번 강조하는 것이다.

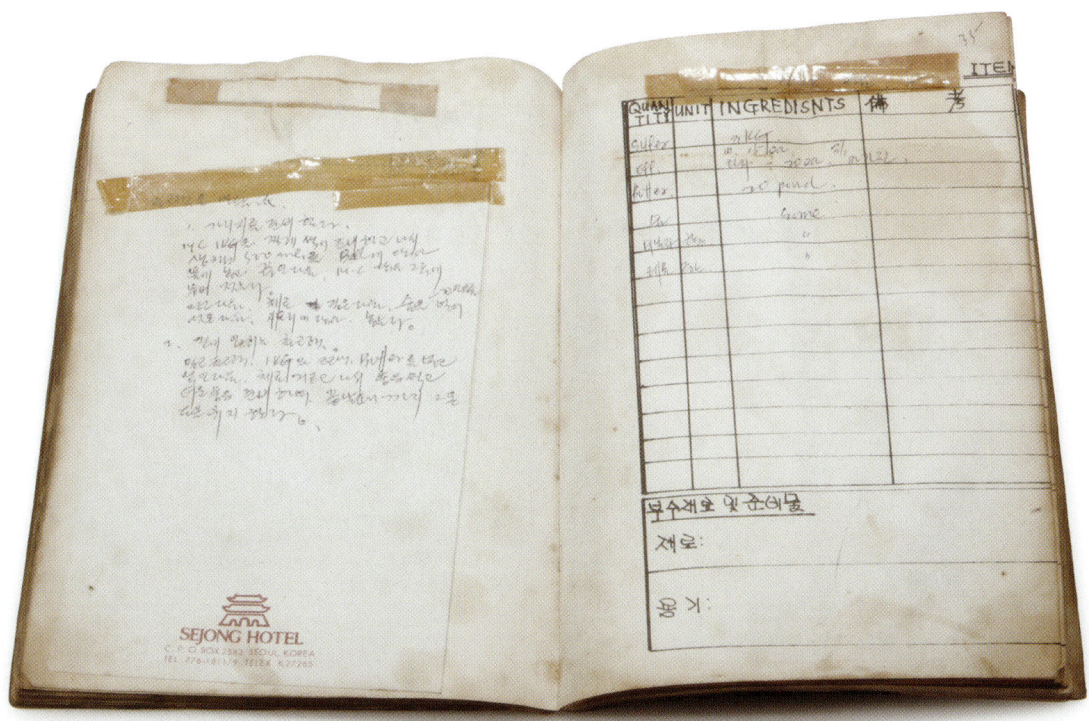

제과 제빵 레시피 노트(최효근 제공, 1985년, 한국 조리박물관 소장)

BUTTER SAUCE

버터 베이스 소스

01. 버터 소스 개요
02. 버터 소스 트렌드
03. 버터 소스의 비밀
04. 클래식 버터 소스
05. 파생 버터 소스
06. 버터 소스에 얽힌 이야기

01 버터 소스 개요 Overview of Butter Sauce

버터 소스는 5대 모체 소스 중 하나이면서 세 가지 소스가 있다. 첫 번째는 홀란데이 소스이다. 이 소스는 더운 마요네즈로 정제버터와 계란 노른자를 혼합하여 만든 것으로, 생선이나 아스파라거스 등에 사용한다. 요리에 쓰는 버터는 무염이 좋고, 중탕시킬 때는 저온(50℃)보다는 고온(80℃)이 소스를 만드는데 유리하다.

버터 소스의 하나인 홀랜다이즈 소스는 계란 노른자(egg yolk)와 정제버터, 식초, 소금, 그 외의 향신료를 사용하여 만든 에멀젼(emulsion) 형태의 소스로서 에멀젼은 어떤 액체 속에 방울 형태로 다른 액체가 분산되어 있는 불안정한 균일체를 의미한다. 홀랜다이즈 소스는 항상 따뜻한 곳에 보관하면서 사용하는데 보관시간이 약 12시간 이상 경과되면 에멀젼 상태가 불안정해지므로 소스의 가치를 잃게 된다. 홀랜다이즈 소스와 잘 어울리는 요리로는 생선요리, 채소요리, 계란요리 등에 주로 이용된다.

두 번째 버터 소스는 향신료와 포도주 식초와 물을 넣고 졸인다. 추가로 생크림 넣고 졸인 다음 무염 버터 넣어 화이트 버터 소스를 만든다. 이 소스는 생선 요리에 많이 사용한다.

세 번째 버터 소스는 무염 버터에 다양한 재료를 섞어 기름종이에 둥글게 말아 냉동시켰다가 사용하는 혼합 버터 소스를 말한다. 이 소스는 육류 구이에 곁들여 사용한다.

02 버터 소스 트랜드 Butter Sauce Trend

　버터 소스의 가장 대표적인 소스는 홀렌다이즈 소스와 뵈르블랑 소스(Beurre Blanc)가 있다. 홀랜다이즈 소스가 언제부터 만들어졌는지 정확한 기원을 알 수는 없으나 프랑스의 유명한 요리사인 오거스트 에스코피에가 정리한 에멀전 소스에서 소개가 된 것이 공식적으로 언급되었다고 한다. 이 소스는 알려진 이후부터 지금까지 오랜 기간 변형 없이 사용된 소스 중 한가지인데 그 이유는 주재료가 계란 노른자와 버터 산미를 주는 화이트 와인 또는 레몬즙 또는 식초, 그리고 약간의 물이기 때문이다. 브라운 소스를 만드는 재료가 요리사들의 개성에 따라 다양하게 사용되는 것에 반해 이 소스는 어느 누가 만들더라도 위 재료들을 사용하기 때문에 더 특별하거나 다른 맛을 내기도 어렵다. 물론 기본 모체 소스로서 다양한 파생 소스(베어네즈 béarnaise sauce, 초롱 소스 등)가 만들어져 사용되고 있으며 소스의 퀄리티는 식재료의 좋고 나쁨보다 요리사들의 기술에 의해 결정이 된다.

　예전에 호텔의 고급 레스토랑에서 선배 요리사들이 오더가 들어올 때마다 작은 믹싱볼에 노른자 1개와 타라곤과 식초, 화이트와인을 넣고 졸인 것을 넣고 직접 불에 얹어 저으면서 베어네즈 소스를 만들어 사용하는 모습을 보고 감탄한 적이 있는데 20년 이상 요리를 해온 지금 생각해도 대단하다는 생각이 든다. 실제로 중탕이 아닌 직화를 사용하면서 소량의 홀랜다이즈 소스나 베어네즈 소스를 만드는 것은 많은 연습과 집중력이 필요하며 다른 요리들을 같이 만들면서도 실패 한번 없이 척척 소스를 만들어 낸다는 것은 결코 쉬운 일이 아니다. 계란 노른자가 덜 익으면 비린 맛이 나고, 많이 익으면 알갱이가 생기면서 유화가 일어나지 않는다. 또한 정제버터의 양이 많거나 너무 뜨거워도 분리가 일어나 실패하며 보관 온도도 너무 높아도 분리가 일어나는 등 만들고 보관할 때 여러 가지 세심하게 신경을 써야 하는 소스이기 때문이다. 노른자와 정제한 버터가 주재료이기 때문에 냉장 보관하여 다시 사용할 수도 없고, 위생상 저장을 하지 않고 바로 만들어 소진을 해야 하는 소스이기 때문에 능숙하고 실패 없이 만들기 위해

서는 많은 연습과 세심한 관리가 필요하다.

요즘은 호텔이나 레스토랑에서 사용할 때, 유화제가 첨가된 가공 소스들을 조금 첨가하여 홀랜다이즈 소스가 잘 분리되지 않게 만들어 일반적으로 사용할 양을 미리 만들어놓고 중탕으로 데워 사용하는 곳이 대부분이다. 사이폰에 중간 정도 농도로 만든 홀랜다이즈를 넣고 가스를 주입해 흔들어 사용하기도 한다. 이렇게 만든 홀렌다이즈 소스는 농도가 단단하고 크리미한 질감을 가지고 있어 분자 요리나 모던한 다이닝 요리에 자주 사용된다.

브런치가 보편화되면서 에그 베네딕틴을 비롯한 많은 요리에 사용되고 있는데 고소하고 부드러운 맛을 가지고 있어 많은 사람들이 좋아하여 이 소스를 사용한 요리들이 대중적으로 많이 알려지기 시작했고, 사용하는 곳이 늘어나면서 물과 함께 섞어 데우기만 하면 완성되는 홀랜다이즈 소스가 제품으로 판매되고 있다.

뵈르블랑 소스(Beurre Blanc) 소스 역시 이 홀랜다이즈 소스와 관계가 있다. 베어네즈 소스를 만드는데 타라곤을 빼먹고 만들어 탄생했다고 하는데 주로 해산물이나 생선 요리에 많이 사용되며 화이트 와인에 양파, 파슬리, 후추 등을 넣고 졸인 후 불을 약하게 줄이고 버터 조각을 조금씩 넣어 저으면서 녹여 농도를 낸 후 레몬즙과 소금으로 간을 맞춰 걸러서 사용한다.

　버터를 사용하는 소스인 만큼 조금만 불이 세거나 약해도 버터가 분리되거나 소스가 차가워져 맛이 떨어지고 다시 불에 얹어 데울 수 없어 따듯한 곳에 세심하게 보관해야 한다. 대량으로 만들 경우 미리 걸러낸 양념 즙을 넣고 핸드 믹서를 사용하여 버터를 섞는다. 주의할 것은 너무 차가운 온도에서 버터를 녹여 다시 데우면 분리가 매우 잘 일어남으로 버터를 넣어 녹이는 중에도 양념 액체가 따듯하게 유지되어야 하며 중간 불에서 내려가며 온도 조절을 해야 한다.

　역시 예전에는 버터가 귀하고 비싸 호텔이나 고급 레스토랑에서 주문 즉시 소량씩 만들어 사용하였는데 요즘은 버터가 매우 보편화되고 수입제품이 많아 핸드믹서를 사용하여 만들어 놓고 사용하는 경우가 대부분이며 고급 뷔페나 연회 메뉴에서도 사용하고 있다.

　최근 조리 기술이 발전하고 조리 도구의 발달하면서 몇몇 소스들은 다양한 질감으로 만들어져 사용되는 경우가 많아졌는데 이 뵈르블랑 소스도 사이폰에 담아 가스를 주입하여 조금 더 농도가 진하며 크리미한 질감을 살려 사용하는 경우도 많다. 또한 다양한 식초와 허브 등을 첨가하여 주재료에 더 어울리는 다양한 소스를 만들어 사용하고 있다.

-송용욱 셰프-

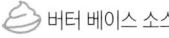

03 버터 소스의 비밀 — The Secret of Butter Sauce

버터 소스는 따뜻한 에멀전 소스의 형태인데 크게 두 가지로 분류해 본다. 첫 번째는 정제된 맑은 액체 상태의 버터를 농축시킨 베이스와 에멀전해서 만드는 소스와 다른 한 가지는 농축시킨 베이스에 원형 상태인 고형의 차가운 작은 조각의 버터를 에멀전해서 혼합하는 형태의 소스이다.

정제 버터를 이용한 대표적인 에멀전 소스는 홀렌다이즈 소스인데 사실 이 소스는 만드는 법보다 잘 만들어진 소스를 현장에서 적정 온도로 유지하며 보관하며 사용하는 것이 더 어렵다.

볼에 노른자, 레몬즙, 케이얀페퍼, 소금을 잘 섞어서 중탕(주의: 볼의 밑 부분이 냄비 안의 물에 닿지 않아야 한다)에 올린 뒤 거품기로 계속 섞어서 크림화되어 농도가 걸쭉해지고 두 배 정도의 볼륨이 되면 불에서 내려 정제 버터를 천천히 혼합하여 적정 농도와 간을 맞추어 따뜻하게 잘 조리된 주재료(생선찜, 수란, 데친 채소 등)에 곁들여 낸다.

만약 완성된 소스를 보관 중 분리되면 깨끗한 볼에 노른자 하나를 잘 풀고 분리된 소스를 소량씩 노른자와 저으며 섞어 다시 뭉치게 해서 살려내는 방법과 볼에 찬물 한 스푼을 담고 분리된 소스를 조금씩 부으며 섞어 살려내서 사용하는 방법이 있다.

이와 같이 레스토랑 주방에서도 적정 상태의 온도로 보관이 어려워 요즘은 소스 내용물을 혼합하여 질소 가스를 이용한 휘핑크림기(사이폰)에 담아서 45~50℃ 온도로 유지되는 물에 담궈두고 사용하기도 한다.

　버터 소스 에멀전의 두 번째로 농축시킨 베이스에 차가운 조각 버터를 혼합하는 형태의 소스로 주로 화이트 버터 소스(Beurre blanc:뵈흐 블렁)와 화이트 와인 소스(Vin blanc:방 블렁)의 두 가지 소스에 대해 이야기 해보자. 이 두 가지 소스는 만드는 법과 재료가 유사해서 거의 같은 용도로 사용되며 단지 차이점을 찾아보자면 화이트 와인 소스를 만들 때 생선 육수가 들어가기 때문에 좀 더 리치하고 풍부한 감칠 맛을 가지고 있다고 보면 되겠다.

　기본 맛을 농축 시키는 과정을 거쳐 소량의 크림을 넣고 살짝 졸인 뒤 고운 체에 걸러서 차가운 버터를 소량씩 여러 번에 걸쳐 거품기로 잘 저어 섞어주면서 전체 내용물이 한 덩어리로 잘 혼합되어 걸쭉한 농도가 되게 만들어 주면 된다. 주로 생선 요리에 곁들여지며 농축된 와인 식초, 화이트 와인, 레몬 즙의 적절한 산미가 버터의 풍미와 어우러져 균형을 이루는 소스들이다.

-장병동 셰프-

04 클래식 버터 소스 Classic Butter Sauce

홀랜다이즈 소스 Hollandaise Sauce

생선과 채소 요리에 가장 많이 사용되는 소스 중 하나이다. : 데쳐낸 아스파라거스, 아티초크, 컬리플라워, 셀러리 등의 채소 요리

 재료 : (6인을 위한 양)

계란 노른자 : 3개
버터 : 300g
물 : 45g
레몬즙 : 60g
소금 : 약간
후추 : 약간

 조리방법

1. 계란의 흰자와 노른자를 잘 분리하여 소스용 냄비에 넣어준다.
2. 나무 주걱이나 작은 크기의 거품기를 이용하여 계란 노른자를 잘 터트리고, 레몬즙 50g, 물, 그리고 소금과 후추를 넣은 후 잘 섞어준다.
3. 약한 불에서 내용물들 온도가 어느 정도 충분히 오를 때까지 거품기를 이용하여 강하지 않게 저어 주며 익혀낸다.
4. 노른자가 익혀지면서 볼륨감을 가지게 되며, 소스가 무스의 형태에서 크림과 같은 농도로 변하게 된다. 이때 준비한 버터를 넣어주며 소스의 농도를 맞춘다.
5. 소스의 농도가 완성되면 맛을 확인하고 10g 정도의 레몬즙, 백후추, 소금 등으로 간을 하고 소스를 완성한다.

✅ 주의

홀랜다이즈 소스가 완성되어가는 마지막 순간에 분리현상이 일어나는 경우가 있다. 그 이유는 소스의 냄비가 너무 강한 열로 가열될 경우 발생하게 된다. 이러한 현상이 발생하면 즉시 불을 끄고 소스를 식혀주어야 하며 차가운 물 10g 정도를 소스에 넣고 강하게 거품기로 저어 주어야 한다. 만약 소스의 농도가 정상적으로 다시 돌아온다면 냄비를 다시 약한 불로 가열해 소스를 완성한다.

※ TIP

1. 계란의 노른자를 흰자와 알 끈 등을 확실하게 분리하여 사용해야 완성도 높은 소스를 획득할 수 있다.
2. 홀랜다이즈 소스를 만드는 것이 익숙하지 않다면, 중탕을 이용하여 소스를 제조하는 것을 추천한다.
3. 소스를 만드는 모든 경우에 있어서 반드시 약한 불로 작업을 해야 한다.
4. 냄비 바닥의 모든 면적을 사용하는 것이 소스 전체에 고른 열을 전달하기에 유리하다.
5. 잘 만들어진 홀랜다이즈 소스의 농도는 숟가락을 이용하여 확인하며, 소스를 묻혔을 때 흘러내리지 않는 정도가 좋다. 만약 소스의 농도가 너무 된 경우 차가운 물을 조금 넣어주고 저어 주면 된다. 또한, 소스의 농도가 너무 묽을 경우 소량의 버터를 더 첨가하여 저어 주면 된다.

베어네즈 소스 Bearnaise Sauce

베어네즈 소스는 모든 종류의 그릴 요리 및 아스파라거스와 계란 요리에 사용한다.

 재료 : (6인을 위한 양)

계란 노른자 : 3개
버터 : 200g
화이트 와인 식초 : 40g
화이트 와인 : 40g
다진 샬롯 : 20g
후추 : 약간
후추 : 약간
타라곤 : 60g
처빌 : 60g
카이엔 페퍼 : 약간

※ TIP

베어네즈 소스는 홀랜다이즈 소스에 아로마 농축액을 첨가하고 농도를 진하게 낸 소스이다.

 조리방법

1. 소스용 냄비에 화이트 와인 식초, 화이트 와인, 다진 샬롯, 타라곤 50g, 처빌 50g을 넣고 중간 불에서 2~3분간 끓여 아로마 농축액을 만든다.
2. 고운체를 이용하여 재료를 걸러주고 주스만 보관한다.
3. 새로운 소스용 냄비에 계란 노른자, 아로마 농축액을 넣어준 후 약한 불에서 익혀낸다.
4. 내용물들 온도가 어느 정도 충분히 오를 때까지 거품기를 이용하여 강하지 않게 저어 주며 익혀낸다.

5. 노른자가 익혀지면서 볼륨감을 가지게 되며, 소스가 무스의 형태에서 크림과 같은 농도로 변하게 된다. 이때 준비한 버터를 넣어주며 소스의 농도를 맞춘다.
6. 소스의 농도가 완성되면 맛을 확인하고 타라곤 10g, 처빌 5g, 백후추, 소금, 카이엔 페퍼 등으로 간을 하고 소스를 마무리한다.

✅ 주의

잘 만들어진 베어네즈 소스의 농도는 약간 묽은 마요네즈 정도의 농도가 적당하다. 베어네즈 소스를 만들 때 주의할 점은 홀랜다이즈 소스를 만들 때 주의할 점과 같다.

화이트 버터 소스 Beurre Blanc

이 소스는 포칭, 보일링, 팬프라잉한 음식과 함께 제공한다. 버터라기 보다는 소스에 가까운 개념으로 사용한다. 1인당 50~100g 정도의 양을 예상한다.

400ml의 화이트 비네거와 곱게 다진 샬롯 1t을 강하게 조려준 후 잠시 식힌다. 아주 뜨겁지 않은 온도에서 작게 조각낸 버터 100g을 휘퍼로 계속 섞으면서 넣어준다. 소금 후추로 간을 마무리하며 크리미한 점도가 되어야 한다.

생 버터 소스 BEURRES SIMPLES

각종 그릴링한 요리, 튀김 재료, 앙글레즈 방식으로 익힌 채소, 소스 혹은 포타주의 마무리로 사용한다.

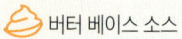

메트르도텔 버터 Beurre à la Maître d'hôtel

이 소스는 포칭, 보일링, 팬프라잉한 음식과 함께 제공한다. 버터라기 보다는 소스에 버터를 포마드 상태로 만들어준다. 곱게 다진 파슬리 1t(경우에 따라 파슬리, 처빌, 차이브, 타라곤 등을 섞어서 사용 가능하다. 레몬즙, 소금, 후추, 취향에 따라 1/2t의 화이트 머스터드를 버터에 섞어준다.

출처 : Les Sauces Recettes et Conseils Pratiques,
COMPAGNIE PARISIENNE D`EDITIONS TECHNIQUES & COMMERCIALES, PARIS, FRANCE.

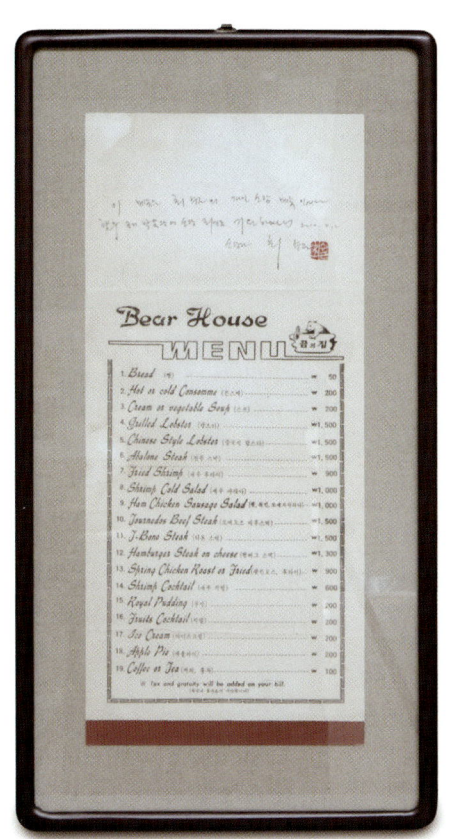

곰의 집 개업 메뉴(최수근 제공, 1970년, 한국 조리박물관 소장)

05 파생 버터 소스

화이트 버터 소스

1. 브르톤 소스(Bretonne Sauce)

이 소스는 모체 소스인 흰 버터 소스가 맛있어야 한다.

파생소스는 모체 소스에 약간의 첨가물을 넣음으로 해서 이름이 바뀌고 사용 용도가 변한다. 브레통 소스는 아메리칸 소스를 첨가해서 갑각류에 많이 쓰이는 인기 있는 버터 소스이다.

 재료 : (1/2L 정도의 소스 양)

Beurre Blanc(버터 소스) 200ml, Sauce American(아메리칸 소스) 1ts

 조리방법

1. 버터 소스, 아메리칸 소스를 분량대로 준비한다.
2. 200ml의 베흐블랑 소스에 아메리칸 소스를 섞어서 핑크색을 만들어 생선 등에 이용한다.

※ 참고

베흐블랑 소스를 만들 때 와인과 양파를 넣고 충분히 졸여야 한다. 버터를 넣기 직전에 소량의 생크림을 넣어 졸인 후 버터를 투입하는 것이 좋다. 그렇게 해야 실패의 확률을 줄일 수가 있다. 만약 그대로 버터를 투입하면 분리되는 경우가 자주 발생한다. 투입된 버터도 충분히 동화될 수가 있도록 불에서 내려 조심스럽게 그러나 충분하게 동화시켜야 한다.

2. 적포도주 소스(Red Wine Sauce)

 재료 : (1/2L 정도의 소스 양)

Porto Wine(포트 와인) 100ml, Beurre Blanc(버터 소스) 200ml, Salt 3g, Pepper 3g

 조리방법

1. 포트 와인을 2/3정도로 졸인 다음 준비한 버터 소스를 섞어서 사용한다.

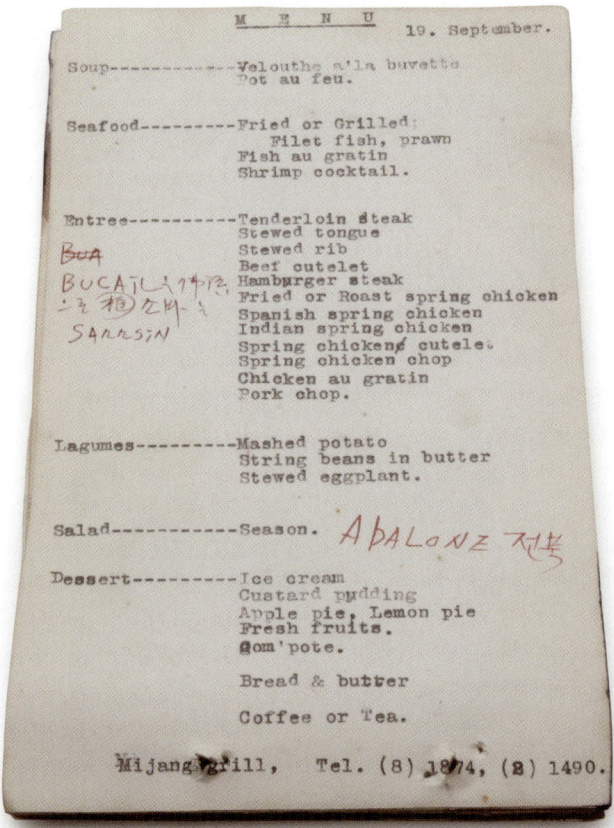

외교 구락부 일일 메뉴(최수근 제공, 1960년, 한국 조리박물관 소장)

생 버터 소스

1. 바질 버터(Basil butter)

무염 버터에 바질 다진 것을 섞어서 저어준다. 그리고 양피지 종이나 왁스 종이를 깔고 2-3cm 지름의 모양으로 만든 후 냉동시킨다.

2. 아몬드 버터(Almond butter)

오븐에 아몬드를 180℃로 예열한 오븐에 15~20분 정도 갈색이 될 때까지 구어준 후 빻는다. 믹서기에 물, 아몬드 가루, 무염버터, 소금, 후추를 넣고 섞어 준 후 섞어서 종이에 둥글게 만 다음 냉동 보관한다.

3. 앤쵸비 버터(Anchovy butter)

멸치를 찬물에 잘 헹군 후 다진 다음 잘 섞어준 다음 후추만 넣고 종이에 둥글게 만 다음 냉동 보관한다.

4. 베르시 버터(Bercy butter)

샬롯과 와인, 레몬주스를 넣고 졸인다. 여기에 데친 marrow를 넣고 잘 섞어준다. 준비한 무염버터에 소금, 후추를 넣고 섞어 준 후 섞어서 종이에 둥글게 만 다음 냉동 보관한다. 이 버터는 전통적으로 생선구이, 생선튀김, 생선 스프와 함께 제공되며 유명한 요리인 entrecot bercy의 필수 소스이다.

5. 커리 버터(Curry butter)

샬롯, 백포도주, 레몬주스, 카레 분말을 넣고 졸인다. 이것을 식힌 것인다. 준비한 무염버터에 소금을 넣고 섞어 준 후 섞어서 종이에 둥글게 만 다음 냉동 보관한다.

6. 캐비어 버터(Caviar butter)

캐비어를 칼로 다진다. 준비한 무염버터에 캐비어와 후추를 넣고 섞어 준 후 섞어서 종이에 둥글게 만 다음 냉동 보관한다. 캐비어 버터는 카나페나 콜드 오르되브르에 조미용으로 올려진다.

7. 쉬벌리 버터(Chivry butter)

샬롯과 허브를 끓는 물에 데친 후 다진 것을 준비한 무염버터에 소금과 후추를 넣고 섞어 준 후 섞어서 종이에 둥글게 만 다음 냉동 보관한다.

8. 크레이피시 버터(Crayfish butter)

가재껍질을 말린 다음 절구에 빻아서 준비한 무염버터에 소금과 후추를 넣고 섞어 준 후 종이에 둥글게 만 다음 냉동 보관한다.

9. 에피큐리언 버터(Epicurean butter)

노른자, 멸치, 허브, 겨자를 절구에 빻아 페이스트로 만든다. 무염버터에 준비한 페스트와 후추를 넣고 섞어준 후 종이에 둥글게 만 다음 냉동 보관한다.

10. 매트르 도뗄 버터(Maitre d'hote butter)

무염 버터에 파슬리 다진 것 레몬 주스를 섞고 소금과 후추를 넣고 섞어 준 후 종이에 둥글게 만 다음 냉동 보관한다. 이 버터 소스는 가장 잘 알려진 전통적 혼합 버터 중 하나로 구운 고기, 생선, 가금류와 잘 어울린다.

11. 머스터드 버터(Mustard butter)

무염 버터에 디종 머스타드(씨 겨자)를 섞고 소금과 후추를 넣고 섞어 준 후 종이에 둥글게 만 다음 냉동 보관한다.

12. 파프리카 버터(Paprika butter)

무염 버터에 파프리카 가루와 소금과 후추를 같이 잘 섞어 준 후 종이에 둥글게 만 다음 냉동 보관한다.

13. 피드몬트 버터(Piedmont butter)

무염 버터에 파마산 치즈 갈은 것과 레몬 껍질, 클러브 가루와 소금과 후추를 같이 잘 섞어 준 후 종이에 둥글게 만 다음 냉동 보관한다.

14. 피스타치오 버터(Pistachio butter)

피스타치오를 180℃ 예열된 오븐에 15분간 구운 후 빻아서 물을 넣고 반죽한다.
이 반죽을 무염 버터와 함께 녹을 때까지 잘 섞어준 다음 소금과 후추를 같이 잘 섞어 준 후 종이에 둥글게 만 다음 냉동 보관한다.

15. 연어 버터(Salmon butter)

훈제연어를 말린 후 향신료 딜가루를 넣고 준비한 무염 버터에 섞은 후에 소금과 후추를 같이 잘 섞어 준 후 종이에 둥글게 만 다음 냉동 보관한다.

16. 블루 치즈 버터(Blue cheese butter)

모든 재료를 넣고 완전히 녹을 때까지 잘 섞어준다. 블루치즈를 체에 내린 후 준비한 무염 버터에 섞은 후에 소금과 후추를 같이 잘 섞어 준 후 종이에 둥글게 만 다음 냉동 보관한다.

17. 샤프론 버터(Saffron butter)

월개수, 백리향, 갈은 양파, 다진 마늘을 화이트 와인에 졸인다. 고운체로 거른다. 준비한 무염 버터에 섞은 후에 소금과 후추를 같이 잘 섞어준 후 종이에 둥글게 만 다음 냉동 보관한다.

18. 훈제 새우 버터(Smoked shrimp butter)

 재료

갈은 양파, 다진 마늘, 다진 훈제 새우,

 조리방법

다진 파슬리, 레몬즙을 무염 버터에 섞은 후에 소금과 후추를 같이 잘 섞어준 후 종이에 둥글게 만 다음 냉동 보관한다.

19. 토마토 코리앤더 버터(Tomato coriander butter)

토마토 껍질 제거 후 규브 모양으로 썬다. 고수를 다져서 섞은 후에 무염 버터와 함께 잘 섞어준다. 마지막에 소금과 후추를 같이 잘 섞어준 후 종이에 둥글게 만 다음 냉동 보관한다.

06 버터 소스에 얽힌 이야기

버터 소스의 주 재료는 버터이다. 주로 무염의 버터를 이용하여 버터 소스를 만든다.
국내산과 수입산이 있는데 수입(프랑스)은 소스 맛이 부드럽고 무거운 느낌이 난다. 좀 느끼할 정도로 소스가 걸쭉하다. 반면 국내산(오뚜기)은 소스가 약간 가벼운 느낌이 난다. 요리에 사용할 때는 곁들이는 부재료에 의해서 맛이 변하기도 한다. 버터 소스는 크게 세 가지 맛이 있지만 우리가 많이 쓰는 소스는 베흐블랑 소스이다. 홀란데이즈 소스, 베어네이즈 소스, 생 버터 소스 등은 이론적으로는 많이 소개되는데 주방에서는 많이 사용하지 않는다.

<The Food Lab>에서도 홀란데이즈 소스에 대해서는 많은 실험을 거친 것을 소개하고 있다. 솔직히 학교에서 실습할 때도 이 소스는 시연하지는 않고 있다. 이유는 현장에서 많이 활용되지 못하기 때문이다. 나 역시 중요하게 여기지 않는다. 학생들에게도 정제버터를 만들어서 실습시켜 보았는데 완성시키는 학생이 드물었다. 이 소스는 아스파라가스, 생선, 육류 등에 곁들이기는 한다.

홀란데이즈 소스를 응용하여 베어네이즈 소스 만드는 법을 소개한다. 생 버터 소스를 만드는 것은 간단하다. 외국에서는 고기가 주식이므로 고기를 구운 다음 생 버터를 썰어서 하나만 올려주면 끝이다.

신라호텔에 근무 당시 다양한 소스를 만들어 보았다. 신라호텔 23층에 가면 유럽식 프랑스 식당인 콘티넨탈이 있었다. 처음 갔을 때(1981년)는 프랑스 셰프들도 근무를 했다. 여기는 항상 외국인 셰프가 메뉴를 구성하여 나오고, 일주일에 한 번씩 특별메뉴를 교체했다.

처음 신라에 프랑스 식당에 갔을 때, 모두들 노트 필기하느라고 정신이 없었다. 퇴근 후 노트를 집에 가져가서 외우는 것이었다. 주방장님 이하 20여 명이 모두 불어 공부에 열중이었다. 불어 수준이 보통이 아니었다. 조리 용어를 연결하면 레시피를 이해하는데 지장이 없었다. 하얏트에서는 상상할 수 없는 분위기였다. 레스토랑 웨이터들도 주

방 레시피를 외우고 있었다. 상품지식이니 당연하다고 하면서 공부를 했다.

그 당시 쓴 노트를 이번 조리박물관 개관 때 기증해 주었다. 대표적인 분이 임관호 부장님, 김기영, 박상술, 김대관 씨 등이었다.

당시 메뉴를 보면 많은 기억이 난다. 주방에서 근무하는 자리가 정해져 있었다. 맨 위에는 메뉴를 불러주고 컨트롤 하는 주방장님, 그 밑에 부주방장이 소스를 담당하고 있었다. 부 주방장이 우리 주방의 모든 맛을 움직였다. 이분에겐 전용 냉장고가 따로 있었다.

수십 가지 소스를 항상 미리미리 준비해두고 있었으니 초보자가 볼 때는 소스의 신이라 할 수 있다. 모든 사람들이 언젠가는 저 자리에 갈 수 있으리란 꿈을 꾸었다. 나 역시 그런 꿈을 키웠다. 10년 안에 꼭 저 자리에 가서 일하리라 기약하면서 열심히 노력했다.

프랑스에 요리 공부하러 갈 때 이곳에 있던 일본인 셰프는 내가 프랑스에 가는 것은 무리라고 말렸다. 소스도 모르면서 가는 것은 아무 소용이 없으니 일단 일본에 있는 요리학교를 다니는 것이 좋을 거라고 조언을 했다. 다른 동료들도 프랑스에 갔다 와도 아마도 본전을 못 뽑을 것이라고 말했다. 본전도 못 뽑을 줄 알고 나는 프랑스로 떠났다. 10년 안에 소스 파트에 들어가겠다는 목표 때문이었다. 훗날 내가 소스 파트에서 일하게 되면서 남들은 잘 모르지만 나는 소스 전문가 된 것이 너무나 좋았다.

그때 소스 정리를 많이 했었다. <소스의 이론과 실제>에 있는 참고 사항은 내가 근무하면서 실패한 내용을 노트에 기록했던 것이다. 일부를 공개해보면 다음과 같다.

- ▶ 버터 소스는 정제버터를 사용하는 것이 좋다.
- ▶ 버터 소스는 무염버터를 사용하는 것이 좋다.
- ▶ 버터 소스는 주로 생선에 많이 사용된다.
- ▶ 버터는 유효기간 안에 써야 한다.
- ▶ 유효기간 지난 것은 향과 맛이 변한다.
- ▶ 버터 소스 만들 때 알루미늄 보다 스테인리스가 좋다.
- ▶ 홀란데이즈 소스가 분리되면 찬물로 재생이 가능하다.

- ▶ 버터 소스는 만들 때 온도가 떨어지면 낭패 보는 경우가 많다.
- ▶ 생 버터 1파운드(450g)를 녹이면 300g이 된다.
- ▶ 생 버터 1파운드(450g)에 달걀노른자 8개가 적당하다
- ▶ 버터 소스에는 레몬주스와 백포도주를 많이 쓴다.
- ▶ 버터 소스에 넣는 버터는 냉동 상태가 유리하다.

이상은 내가 신라호텔 다닐 때 작은 수첩에 적어 있던 내용들이다. 촌스럽고 아쉬운 데가 많지만 30년 전이어서 새롭기도 하여 소개해 보았다. 요즘은 기계가 있어서 쉽게 소스 제조가 가능하지만 80년대는 쉽지 않았다. 특히 버터 소스는 소스 전문가들이 가장 피곤해하는 소스였다. 자신감 없이 소스를 만들다보면 이상하게 중간에 소스가 분리되어버리는 때가 많았다.

나는 요즘 소스를 직접 만들어 사용하는 것과 모체 소스를 구입한 다음 약간 변형을 시켜서 원형의 맛을 찾아가는 연습을 많이 한다. 약간 편법이라 할 수 있지만 현실적으로 어쩔 수 없다. 책에서는 원칙대로 제조법을 제시하나 변명 같지만 현장에서는 인력, 원가, 시간, 소스, 셰프들의 숙련도, 식당 사장님의 경영마인드 등으로 인해서 변경할 수밖에 없다. 여기에 순응하지 못하면 답답한 셰프가 되고, 여기에 너무 순응하면 당장은 좋지만 셰프의 자존심에는 큰 상처가 된다.

예전에 어떤 셰프를 추천받아 취업시켜 준 적이 있었다. 그런데 처음에는 잘하고 있었는데 시간이 지난 후 주인과 불화가 생기게 되었다. 주인은 조미료를 요리에 넣으라고 하고 셰프는 못 넣는다 하다가 직장에서 싸우다가 강제로 사직 당했다. 그래서 셰프는 노동청에 고발했고, 주인은 재판을 받고 마무리되었지만 중간에 소개시켜준 나로서는 입장이 난처했다.

셰프 입장에서 보면 당연한 주장 같지만 주인 입장에서 보면 그것이 꼭 올바른 것은 아니다. 그 후 나는 가장 좋은 주방장은 주인과 같은 생각을 가지고 일하는 세프가 가장 현명하고 유능한 셰프로 인정한다. 만약 이런 것이 싫다면 돈을 축적하고 경영 능력을 길러서 창업해서 오너 셰프로 성공해야 한다. 전문 식당에서 쓰는 버터 소스는 대개 화이트 버터 소스가 많다. 생선요리에 곁들이는 소스로는 최고로 본다. 이 소스도 온도

조절이 안 되면 분리되고, 시간 지나면 냄새가 나서 버리게 되곤 한다. 그래서 나는 화이트 버터 소스를 만들 때 소스에 동물성 생크림을 넣어 졸인 후 버터를 넣는다. 그리고 60~80℃ 정도의 온도에서 제조하여 걸러서 사용하면 생선 소스로는 최고다.

고급 서양요리 기말 시험에는 꼭 버터 소스와 생선요리를 출제하곤 했다. 소스를 잘 만드는 셰프는 어디에 가도 인정받는다. 과거와 다르게 요즘은 소스를 직접 만들 줄 아는 셰프가 많지 않고, 대개 시중에서 사온 소스로 대체하곤 한다.

교수가 되고 싶은 셰프는 꼭 소스를 마스터하면 도움이 많이 된다. 자신감이 있어야 학생들 앞에서 강의를 잘할 수 있다. 학교에서 학생들에게 양식을 지도하기 위해서는 다방면으로 준비를 해야 한다. 교수가 되기 위해 특별히 소스를 마스터해야한다는 필요성을 강조하는 이유는 다음과 같다.

첫째, 소스는 다른 요리보다 체계적으로 정리가 잘 되어 있어서 정리가 가능하다.
둘째, 초급·중급·고급 소스를 습득해 나가다 보면 학문의 중심이 생긴다.

VANILLA SAUCE

설탕 베이스 소스

01. 바닐라 소스 개요
02. 바닐라 소스 트렌드
03. 바닐라 소스의 비밀
04. 클래식 바닐라 소스
05. 바닐라 소스에 얽힌 이야기

설탕 베이스 소스

01 바닐라 소스 개요 Overview of Vanilla Sauce

설탕을 이용한 소스로는 주로 디저트 소스가 포함된다. 디저트는 식사가 끝나고 식욕도 충족된 상태에서 마지막으로 식사의 끝맺음을 우아하고 향기롭게, 눈을 즐겁게 해주는 것이다. 맛있는 요리를 먹는다는 것은 즐거운 것이다. 즉, 디저트는 그 즐거움을 위해 만들어진 요리의 꽃이라고 할 수 있다.

디저트는 일반적으로 식사 후에 제공되는 요리를 뜻하는데, 디저트는 단맛(Sweet), 풍미(Flavor), 과일 (Fruit)의 3요소가 모두 포함되어야 훌륭한 디저트라 할 수 있으며, 이러한 디저트에 맛과 향, 질감과 시각적인 아름다움을 더해 주는 것이 디저트 소스이다. 이 소스 역할은 디저트의 색을 돋보이게 하고 맛을 부드럽게하는 역할을 한다. 마지막으로 식사에 대한 좋은 평가를 받게하는 중요한 기준이 되기도 한다. 특별히 바닐라 소스는 많은 디저트에 활용된다. 바닐라는 중남미가 원산지이다. 긴 바닐라껍질을 한번 삶은 후 건조시켜 가공하는데 엑기스와 분말로 유통되지만 요즘은 직접 우려내어 쓰기도 한다.

바닐라는 후식의 모든 디저트에 향신료 역할을 하는 디저트 소스의 어머니라고도 한다. 색이 화이트여서 데코레이션으로는 제격이다. 이 소스는 사용 시 주의 사항은 향이 강해 다른 요리의 맛을 가려버릴 수도 있다. 비슷한 소스로는 앙글레이즈, 사바이용 소스 등이 있다. 참고로 디저트 대표 소스는 과일 술을 이용한 소스와 초코렛 소스가 있다.

02 바닐라 소스 트랜드 Vanilla Sauce Trend

　유럽을 가면 빵을 만들어 파는 불랑제리(Boulangerie)와 케이크나 무스 등 디저트류를 파는 파티스리(Patisserie)가 구분이 되어 있고 거기에 초콜렛(Chocolatiere), 당과류, 아이스크림(Glacier) 또는 젤라또 등 다양한 분야의 디저트 전문점들이 각각 그들만의 노하우와 전통을 가지고 운영이 되고 있다. 거기에 더해 레스토랑에서 음식의 코스로 판매되는 디저트는 또 다르게 구성이 되고 만들어져 요리 코스의 매우 중요한 비중을 차지하고 있다. 그 외에 살롱드 떼(Salon de The)라고 하여 차를 마시는 카페에서도 차와 어울리는 다양한 디저트를 만들어 제공하는 등 다양하게 디저트를 접할 공간이 많다. 우리나라에서는 의례히 제과점이나 빵집에서 다양한 빵과 함께 케이크, 쿠키 등을 판매하였고 지금도 많은 프랜차이즈 또는 개인 제과점에서 이렇게 다양한 종류의 빵과 디저트를 판매하고 있다.

　식빵이나 바게트 등 식사 대용이나 식사에 곁들이기 좋은 빵도 있지만 팥이나 크림이 들어간 단 빵류가 많은 점도 유럽과 매우 다른 우리나라 제과제빵 문화의 특징이라 할 수 있다. 전통적인 후식이 대부분 말린 과일류, 음청류와 떡, 약과, 강정 등 이다 보니 함께 곁들여지는 소스류는 아예 없었던 터라 우리나라 사람들은 후식에 제공되는 소스에 대해 특별히 관심을 두지 않았던 것이 사실이다.

　특급 호텔에 고급 이탈리안 레스토랑과 프렌치 레스토랑이 생기고 외국에서 전문적으로 제과나 제빵을 배우고 들어온 셰프들이 늘어나면서 우리나라도 빵과 디저트를 따로 만들어 내는 전문점들이 많아졌고, 레스토랑에서도 제과를 전공한 패스트리 전문 셰프가 레스토랑에 어울리는 화려한 디저트를 만들어 제공하면서 디저트에 곁들여지는 소스들이 많이 알려지기 시작했다.

　일반적으로 제과점이나 디저트 까페에서 판매되는 디저트와 달리 레스토랑에서 코스의 마지막에 제공되는 후식은 기본적으로 주 아이템, 익힌 과일(또는 생과일), 소스, 장식 등의 구성으로 이루어져 거의 대부분 소스가 곁들여져 제공된다(물론 이것은 기

본적인 구성이 그렇다는 것이지 꼭 그렇게만 만들어진다는 것은 아니다). 최근에 디저트 까페에서 디저트 플레이트를 판매하며 레스토랑의 디저트 같이 화려하고 개성있는 디저트를 선보이고 있는데 이때도 다양한 소스가 사용되고 있다.

디저트용 소스 중 많이 알려진 것은 바닐라 소스, 캬라멜 소스, 초콜렛 소스, 산딸기 소스 등인데 수입되는 제과용 식재료와 초콜렛의 종류가 다양해지면서 디저트 소스도 매우 다양하고 보편화되었다. 특징적인 것은 최근 10년 사이 많은 종류의 과일 퓨레가 들어와 쉽게 다양한 과일 소스를 만들 수 있게 되었다는 것이다. 일반적인 과일의 퓨레 뿐 아니라 코코넛, 망고스틴 등 열대 과일, 2-3가지 과일이 섞여 복합적인 맛을 가진 퓨레들, 장미향이 섞인 것들까지 수 많은 종류의 퓨레들이 있으며 이를 이용해 다양한 소스를 만들 수 있게 되었다. 이외에 전통적인 방식으로 과일을 시럽에 익혀 소스나 쿨리를 만들기도 하고 꿀이나 메이플 시럽, 리큐르와 계피나 정향, 커피 등 다양한 재료들을 이용하여 소스를 만들어 사용한다. 최근에 우리나라 식재료와 전통적인 후식을 퓨전화하여 외국에서는 잘 사용하지 않는 팥, 인삼 등을 이용한 디저트와 소스 있으며 거기에 분자요리 기법, 다양한 질감을 만들어주는 첨가물들과 특수한 장비들을 사용한 셰프들의 아이디어와 기술적 노하우가 더해져 매우 개성있는 디저트들과 그에 어울리는 다양한 소스들이 만들어져 선보이고 있다.

-송용욱 셰프-

03 바닐라 소스의 비밀 The Secret of Vanilla Sauce

바닐라 소스는 프랑스 요리를 접하고 시작할 때 만나는 디저트 소스의 가장 기본이며 이 소스를 통해 포괄적인 디저트의 세계를 이해하는 중요한 출발점이 된다.

바닐라 소스의 프랑스어 명칭은 크렘 엉글레즈(Crème anglaise)라고 하며 노른자, 설탕, 바닐라빈, 우유 네 가지의 분량의 재료를 가지고 정확한 조리방법을 이해하고 실행해야만 원하는 결과의 소스를 만들 수 있다.

즉, 먼저 노른자와 설탕을 크림화(Blanchir)하고 바닐라 빈을 긁어 넣고 끓여 우려낸 우유와 혼합하여 다시 우유를 끓인 냄비에 담고 혼합물의 온도를 82~85℃ 사이로 저으면서 올려서 미리 준비해 둔 얼음 밭친 볼 위에 고운 체에 걸러서 담고 빠르게 식혀서 완성하면 된다. 이 때 노른자와 우유 혼합물의 온도가 85도를 넘어 끓어버리면 노른자가 익어버려서 실패하게 되는데 현장에서 처음 가르칠 때에 강조하는 것은 필요한 재료와 도구들을 미리 작업대에 준비해둔 뒤에 소스를 만들게 한다. 특히 얼음 물 밭친 볼에 고른 체를 꼭 준비해서 적정 온도가 되면 빠르게 걸러서 차가운 볼에 담아 식혀서 온도를 떨어뜨릴 수 있게 해야 실패의 위험성에서 벗어날 수 있기 때문이다. 이렇게 정확한 과정을 거쳐서 잘 만들어진 바닐라 소스는 윤기가 나며 적당한 농도와 당도를 가지게 된다.

간혹 국내에서는 온도를 맞추기 힘들어서인지 조금 낮은 온도에서 불에서 내려 옥수수 전분을 섞기도 하는데 좋은 방법이라고는 생각하지 않는다, 대량의 바닐라 소스를 제조해야 특수한 경우를 제외하고는 말이다. 이런 경우 소스의 맛은 노른자가 덜 익어서 비린내가 난다거나 탁한 색깔이 나는 경우가 많다.

잘 만들어진 바닐라 소스는 제조 후 적어도 이틀이 되기 전에 사용해야하며 그 이후에는 폐기해야 한다. 특히 여름철에는 식중독 발생의 위험이 있다는 것을 명심해야 한다. 바닐라 소스를 실수 없이 정확하게 만들 수 있게 되면 우유에 원하는 다양한 맛과 향을 내는 다른 재료를 바닐라 빈 대신에 넣고 다양한 응용 소스를 만들어낼 수 있으며

우유에 생크림을 추가하면 바로 아이스크림 베이스가 되어 원하는 아이스크림을 만들 수 있다.

혹시 바닐라 소스를 만들 때 비싼 바닐라 빈을 사용하기 힘들면 요즘 시중에 나와 있는 바닐라 페이스트 제품을 사용하면 훌륭한 대체품이 되어 맛있는 바닐라 소스를 만들 수 있다.

-장병동 셰프-

제과 레시피 노트(김상엽 제공, 1973년, 한국 조리박물관 소장)

04 클래식 바닐라 소스 — Classic Vanilla Sauce

베이직 바닐라 소스(Basic Vanilla Sauce)

바닐라 향은 모든 후식 소스에 쓰인다고 보아도 될 정도로 다양하게 응용되고 있다. 특히 아이스크림에는 거의 다 사용된다. 만드는 법은 간단하지만 기초 소스인 관계로 당도의 맛이나 농도에 신경 써야 후식이 돋보인다.

그리고 바닐라 소스 위에 다른 소스로 데코레이션을 많이 하는데 이유는 모든 후식에 잘 어울리기 때문이다.

재료 : (1/2L 정도의 소스 양)

우유 : 400ml
설탕 : 250g
계란 : 1.5ea
전분 : 25g
바닐라 에센스 : 1.5ml
생크림 : 25ml

 조리방법

1. 냄비에 물을 끓여 설탕 500g, 전분, 소금을 섞은 것을 끓는 물에 넣고 10분 정도 끓인다.
2. 노른자와 남은 400g의 설탕을 섞어 1과 혼합하여 주고 불에서 내려 버터와 바닐라 에센스를 넣고 저어서 농도를 조절한다.
3. 노른자를 섞을 때는 빨리 저어주며 섞어야 노른자가 익지 않는다.
4. 이 소스는 만들어 가능한 빨리 사용하는 것이 좋다.

※ 참고

후식에는 옥수수 전분을 사용한다.

바닐라 스틱 사용하기

바닐라 스틱은 보통 달콤한 디저트 소스에 쓰여지지만, 가끔 섬세한 향을 내는 크림 소스의 맛을 내는 데 사용하기도 한다. 설탕에 맛을 내기 위해 백설탕이 든 병에 바닐라 스틱을 넣는다. 이것은 달콤한 소스나 디저트에 더해지는 바닐라 향 설탕으로 사용될 수 있다.

바닐라 향을 우유 또는 크림에 배게 하기 위해, 바닐라 스틱을 낮은 불에서 약하게 거의 끓을 때까지 데워준다. 불을 끄고, 뚜껑을 덮어 10분 동안 그대로 둔다. 스틱을 꺼내어 씻어서 말린다. 그것은 몇 번 이런 식으로 다시 사용될 수 있다.

스틱으로부터 최대한 맛을 얻어내기 위해서, 날카로운 칼을 이용해서 깍지를 길게 잘라 벌려준다. 칼의 끝을 이용해서 안의 끈적한 검은 씨들을 긁어 내주어 뜨거운 소스에 첨가해준다.

05 바닐라 소스에 얽힌 이야기

프랑스 파리에 요리를 배우러 간 때는 1983년 가을이었다. 처음에 가서 놀란 것은 일반 식당이 적다는 것이다. 우리는 밥집이 많은데 그 당시에 그곳은 밥집이 적었다. 정식 레스토랑은 있지만 유학생이 싼값에 먹을 만한 음식점이 없었다. 외식을 하려면 큰맘을 먹고 식당에 가야했다.

오페라 앞에 있는 식당에 가서 호텔식으로 스프, 고기, 디저트를 주문했다. 그런데 디저트 값이 비쌌다. 아이스크림인데 소스를 곁들이는 것이 특이했다. 가만히 살펴보니 바닐라 소스였다. 그래서 나중에 바닐라소스를 만들어 병에 담아 놓고 아이스크림을 사다가 소스를 곁들여 먹으니 맛이 좋았다.

대학에서 강의할 때도 학생들에게 꼭 바닐라 소스는 시범을 보이고 실습비의 여유가 있으면 아이스크림을 준비해서 접시에 담고 소스를 곁들여 학생들에게 제공하면 학생들은 평생 잊지 못할 실습이라고 말을 했다. 10년이 지난 후 기억나는 실습을 물어보면 대개는 스파게티 먹은 날, 또는 아이스크림 먹은 날을 기억한다.

서양은 후식을 흰자 중심으로 만들어 먹고, 동양은 노른자 중심으로 만들어 먹는다고 한다. 바닐라 소스는 몇 번 만들어 보면 값도 싸고 맛있게 만들 수 있다. 바닐라 향은 병에 든 것이 싸다. 이것만 넣어도 향이 진하다.

교수가 처음 되고 나서 몇 가지 연구하고 싶은 것이 있었다. 그중 하나가 우리가 좋아하는 연령별 당도의 차이를 알아보는 것이었다. 그리고 후식 소스 중에서 한국인이 좋아하는 과일 소스가 어떤 것인지 알아보고 싶었다.

디저트 소스 연구는 당도에 관한 것으로 바닐라, 커피, 망고 라즈베리 등에 대해서 당도를 알아보고 디저트 개발 자료로 활용을 위한 내용이다. 조사내용을 살펴보면 저칼로리의 디저트 개발이 시급하고, 내국인이 선호하는 당도에 맞는 디저트 개발, 예를 들어 산딸기, 제주 오렌지, 머루, 다래 등 내국인 취향에 맞는 디저트 개발이 필요하다.

또 다른 연구를 살펴보면 설탕 첨가량에 따른 바닐라 소스의 관능적 특성을 살펴보

면 우유 1000g, 설탕 500g, 바닐라 에센스 3g 전분 45g, 달걀노른자 40g이 제일 기호도가 좋은 것으로 나타났다.

　원래 디저트 당도는 개개인의 기호의 차이가 있어 표준화하긴 어렵다. 그러나 한국인이 선호하는 당도는 어느 정도 정해서 제조할 필요를 느낀다. 제자(김기쁨, 이동규)들과 같이 연구한 바닐라 소스의 품질, 특성 연구를 살펴보면 요즘 현대인들의 열량과잉 섭취로 인한 비만, 당뇨 등 각종 성인병을 예방하고 환자식으로 활용이 필요하다. 설탕 대신 자일리톨, 아스파담, 스테비오사이드 등을 가지고 실험한 결과 아스파담으로 만든 바닐라 소스가 색의 강도나 단맛, 입안의 느낌이 전체적으로 가장 좋은 것으로 나타났다.

　향후 주방에서 무조건 설탕만 고집할 것이 아니라 과학적인 실험을 거친 내용이 현장에 접목되기를 기대해본다.

　바닐라 소스는 5대 소스에 포함되지 않아서 프랑스에서도 고전 소스 책에는 많이 등장하지 않는다. 후식을 셰프가 하느냐 제과사가 하느냐를 많이 편 가르기를 하는데 빵은 제빵사가 만들고 후식은 조리하면서 같이 만드는 것이 프랑스에선 일반적이다.

　그러나 우리는 엄격히 구분하고 있다.

　셰프가 후식을 따로 만들어서 주면 소스만 일반 셰프가 만들어 고객에게 제공한다.

　르 꼬르동 브루에서 6개월간 제과 제빵을 공부할때 소스 노하우를 노트에 적은 기억이 나서 공개해본다.

- ▶ 바닐라 소스는 계량이 중요하다.
- ▶ 바닐라 소스 재료를 섞을 때 설탕이 완전히 녹을 때 까지 저어준다(크림 상태).
- ▶ 우유는 80도 정도 끓여서 천천히 저으면서 섞는다.
- ▶ 혹시 달걀이 익으면 다시 만든다(급하면 고운체로 걸러서 사용한다).
- ▶ 주걱을 사용해야 한다.
- ▶ 이 소스를 만들 때 자리를 뜨면 안 된다.
- ▶ 농도가 안 나면 옥수수전분으로 농도를 조절한다.

- ▶ 대량으로 바닐라 소스 제조 시 원액을 넣는다.
- ▶ 전분 대신 밀가루를 넣는 경우도 있다.
- ▶ 설탕 대신 과일 청을 넣어도 된다.

이상의 노하우를 가지고 귀국했지만 국내에서는 활용할 일이 없었지만 나중에 학교에 가서 학생들에게 바닐라 소스와 카라멜 소스는 실습에서 꼭 다루었다. 신라호텔에서 대형 연회파티 메뉴를 구성할 때 메인 주방과 제과 주방에서 사전에 주 요리에 맞는 색상, 향, 소스 등을 고려해서 조정하면 고객의 만족도가 더 높아진다는 사실을 알았다.

디저트의 선택은 모든 요리의 중심이 될 때도 있다. 후식 소스의 모체가 바닐라이기에 바닐라에 어떤 모양의 재료가 곁들여져야 좋은지가 중요하다. 과일이 좋은지, 초콜릿이 좋은지, 케이크가 좋은지, 기타 견과류가 어울리는지 다양한 측면에서 검토할 필요가 있다.

호텔에 근무할 당시 청와대에 출장을 간 적이 있었다. 출장은 항상 변수가 발생한다. 예를 들어 손님이 커피를 원하면 '안 됩니다'보다는 동네 커피숍에서 커피를 주문해줄 정도의 감동 서비스가 필요하다. 청와대에 출장을 갔는데 상추를 가져가지 않았다. 곧 대통령이 샐러드를 드셔야 하는데 큰일이 났다. 그래서 관저에 있는 배추와 상추를 가지고 해결한 적도 있었다.

바닐라 소스가 모자라서 급히 동네 바닐라 아이스크림을 사다가 대처해서 위기를 넘긴 적도 있다. 그래서 호텔에서는 총책임자가 산전수전 다 겪은 야전사령관 출신을 선호한다.

정적인 레스토랑 출신의 총괄 셰프가 연회행사를 대처하는 것을 보면 좀 답답한 면도 있다. 다시 말해서 융통성이 적어서 손님들에게 컴플레인을 받을 때도 많다. 셰프들은 평소에 인성 훈련이 필요하다. 책을 읽어서 미래에 덕장이 될 것인지, 용장이 될 것인지 생각할 필요도 있다. 나는 학교에 있다 보니 후배들을 많이 만나는데 조리사를 처음 시작하는 사람들 중에는 대학에서 교수를 하고 싶어 하는 사람들이 의외로 많다. 여학생들은 대개 고등학교나 학원에서 강의하는 것을 원하고 남학생들은 호텔이나 전문식당 주방에서 경력을 쌓은 후 교수가 되려는 학생들이 늘어나고 있다.

　어떤 교수님은 특급호텔에서 10년 경력을 쌓은 후 해외에서 2년 근무한 경력으로 4년제 대학에 근무하고 있다. 이분은 평소 호텔에서 근무할 때도 '나는 언젠가는 학교에서 학생들을 지도하는 사람이 될 것'이라고 다짐하면서 어려운 일도, 남들이 싫어하는 궂은일도 마다하지 않고 묵묵히 일하는 모습이 알려져 교수가 될 때 도움이 많이 되었다고 한다.

　내가 추천한 교수는 주방에서 근무하면서 학교를 꾸준히 다니는 것을 보고 많은 셰프들이 '당신은 왜 일도 힘든데 학교를 다니냐'고 물었다. 그럴 때 그는 '배움은 나의 삶의 질을 높일 뿐 아니라 향후 내가 하고 싶은 일을 할 수 있어서 도전하는 것'이라고 말했다.

　그 얘기를 들으니 맞는 것 같았다. 고등학교 다닐 때 성적이 나쁘던 학생이 대학에서 열심히 공부하여 유학 다녀오고, 현장 경험 쌓고, 교수로 와서 많은 연구하여 좋은 제자를 양성하는 것을 보면 이 사람은 평소에 뚜렷한 목표를 가지고 살았기에 이런 결과가 나왔을 것이라고 느꼈다.

셰프는 인성이 중요하다

　대학의 조리 관련 교수님이 250명 정도 된다고 본다. 여기에 시간 강사님까지 하면 더 많겠지만 이분들 모두가 열심히 현장 경험을 잘 살린 것으로 볼 수 있다. 조리와 인간관계를 잘 설계한 교수님들은 학교 와서도 동료 교수들과 융합이 잘되고 학생들과도 잘 지낸다.

　교수직은 한번 채용되면 정년까지(65세 정년) 같이 근무해야 하기에 신중을 기해서 채용한다. 그러기 때문에 많은 사람들의 의견을 종합하여 같은 과의 교수들에 의해 선택받는다. 실력도 중요하지만 전문가가 되면 실력의 차이는 생각보다 크지 않다. 중요한 것은 인성이다.

　<어떻게 인생을 살 것인가>라는 책에서 인성이란 사람과 일을 대하는 태도 및 행동 양식에서 드러나는 개개인의 특성을 말하는데, 인성은 한사람의 자아실현 여부를 결정

짓는 요소이다. 즉 어떤 인성을 지녔느냐가 그 사람의 행동을 좌우하고 습관을 만들며 운명을 결정짓는다고 한다.

하버드대 교수인 윌리엄 제임스는 '인성이란 씨앗을 심으면 운명을 수확하게 될 것'이라고 말했다. 빌게이츠와 버핏도 '성공 비결은 머리가 아니고 인성'이라고 했다. 주방에서도 인성의 중요성은 항상 강조되곤 한다. 필자도 학교에 간다고 했을 때 동료들이 인성이 좋은 인재를 양성하는 교수가 되라고들 말했다.

주방에서는 인성이 좋기가 정말 힘들다. 일이 많아 날카로워지고 힘들어서 어렵지만 좋은 인성을 갖추도록 개개인이 노력해야 한다. 고된 업무 속에서도 틈틈이 자기 개발서를 읽는다거나 좋은 특강을 들으면서 내공을 쌓는 이들은 언젠가는 성공하는 것을 많이 보았다. 성공 후 많은 사람들이 이야기한다. "저 사람이 성공할 줄 알았다."

평소에 좋은 인간관계를 형성해야 한다. 주방 근무 시, 유별난 셰프들은 교수가 돼서도 그 성격이 그냥 나타난다. 조금은 아쉽지만 각자의 가치관에 따라 행동하는 것이기에 할 말은 없다.

교수가 되고자 하는 셰프들은 먼저 배움을 즐기라고 조언하고 싶다. 많이 배울수록 나중에 많은 도움이 된다. 가능하면 많이 배우는 것, 다양한 프로그램을 이수하는 것도 교육의 방법이다. 많이 배우면 많이 알고, 많이 알면 제자에게 많은 걸 줄 수 있다.

두 번째로 꿈은 커야 한다. 하버드 대학에 전해오는 '지금 자면 꿈을 꿀 수 있지만 공부를 하면 꿈을 이룰 수 있다.'라는 격언을 보면 확실히 꿈은 이루어질 뿐만 아니라 삶의 도전이라고 생각된다.

교수가 되려면 현장 경험이 10년 정도 있어야 인정받는다. 2~3년 하면 아무래도 사회적으로 평가가 약하다. 그러니 학교 졸업 후 교수까지 되는 시간이 길다. 대개 35세 정도에 교수가 된다고 가정을 하고 꾸준히 한 방향으로 준비해야 한다.

세 번째로는 연구하는 자세를 가져야 한다. 주방장으로 일하면서 바쁜데 어떻게 연구 자세를 갖느냐고 할지 몰라도 근무하면서 연구개발 자세로 근무해야 교수가 돼서도 유리하다. 소스, 샐러드, 육류, 향신료 등을 관심 갖고 연구해야 한다. '왜'라는 단어를 끊임없이 되뇌어야 한다.

연구 주제도 부지런히 노트 필기를 할 필요가 있다. 그래야 교수가 된 후에 연구 주

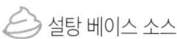 설탕 베이스 소스

제가 무궁무진하다. 습관이 안 되면 제자가 생겼을 때 애로상황이 많아진다. 강의 방법도 평소 특강 등을 통해서 훈련해야 한다.

    마지막으로 결혼한 셰프들은 배우자의 동의를 얻어야 한다. 배우자의 협력이 없으면 교수가 되어도 힘들다. 내가 어느 셰프의 부인을 만났을 때 강하게 '나는 우리 신랑을 교수로 만들고 싶다'고 했을 때 듣는 입장에서 보면 당황할 수 있지만 주위에서 그 셰프를 볼 때는 언젠가는 교수가 될 것으로 생각한다. 교수는 후배 양성에 보람을 느끼는 사람만이 해야 한다. 왜냐하면 교수는 정말 되기도 어렵고, 돼서도 어려운 길이라는 것을 본인은 경험을 통해서 잘 알고 있다.

- 이론은 소스 이론과 실제 내용을 참고하였다.
- 실습은 NCS 실습 방법과 현장에서 필요로 하는 내용을 추가로 삽입하였다.
- 레시피는 클래식 소스 내용을 참고하였다.
- 기초 소스를 익힌 후 클래식 소스 응용 소스를 활용 가능하도록 수록하였다.

MOCA와 함께하는 Master Chef 과정

양식 소스 과정

부록

본 강의는 KBS 미디어 평생교육원과 한국조리박물관, Ecole de MOCA와 함께 합니다.
추후 온라인강좌 이수자를 위한 특강 교육 및 오프라인 연계강좌가 진행될 예정입니다.

부록 CONTENTS

이론

1강 소스의 이해 ⋯ 202

1.1 소스의 개념
1.2 소스의 역사
1.3 소스의 역할
1.4 소스의 구성요소
1.5 소스의 분류

2강 소스에 쓰이는 식재료 ⋯ 208

2.1 소스에 사용하는 주요 식재료

실습 ⋯ 219

3강 기초 소스 ⋯ 219

3.1 루
3.2 부케가르니
3.3 미르프아

4강 기초 육수 ⋯ 222

4.1 화이트 스톡
4.2 브라운 스톡
4.3 피시 스톡

5강 데미그라스 소스 … 229

6강 슈프림 소스 … 232

7강 백포도주 소스 … 235

8강 토마토 소스 … 238

9강 베샤멜 소스 … 241

10강 마요네즈 소스 … 244

11강 화이트 와인 비네그레트 … 247

12강 뵈르블랑(화이트 버터 소스) … 250

13강 앙글레이즈 소스 … 253

14강 곁들임 소스 … 256

14.1 바질 오일

14.2 그린 소스

14.3 올리브 페스토

이론

1강 소스의 이해

1.1 소스의 개념

> 서양요리에서 맛이나 빛깔을 좋게 하기 위해 식품에 넣거나 끼얹는 액체 반유동 상태의 조미료를 의미함
> 냉장 기술이 발달되지 않았던 때 조리사들이 고안해냄

※ 《sal》 라틴어 '소금'에서 유래

1.2 소스의 역사

(1) 고대 로마시대/기름, 식초 사용

(2) 중세기/소스 등장(소스 농도 조절하는 방법 소개)

(3) 르네상스 시대/육수 사용

(4) 17~18세기/육즙 소스 사용

(5) 18세기 초/마요네즈, 베샤멜 사용

(6) 19세기 초/모체 소스 4가지 소개(앙뚜앙 카렘)

(7) 20세기/기초 소스, 모체 소스 분류(에스코피에)

1.3 소스의 역할

① 수분 보충, 윤기 부여
- 음식에서 수분을 부여하여 음식이 마르는 것 방지
- 음식의 윤기를 더해줌
- 색감을 자극하는 모양을 연출

② 맛, 향, 온도
- 소스는 요리의 온도 유지
- 다양한 맛의 농축물로서 주재료의 맛을 살려줌
- 주재료 외의 향을 충분히 제공

③ 영양적 균형과 농도
- 요리에서 부족한 영양을 소스를 통해 보충
- 농도를 주어 음식을 돋보이게 함
- 농도를 통해 식감의 조절이 가능

1.4 소스의 구성요소

소스의 3대 구성요소: 스톡, 농후제, 가니쉬

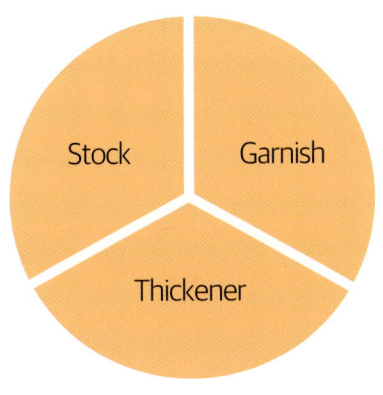

① 스톡 (Stock)

- 서양요리의 기본이자 모든 요리의 시작
- 스톡이란 향기가 나는 액체
- 쇠고기, 닭고기, 생선, 채소와 함께 재료 본래의 맛을 낸 국물
- 모든 레스토랑의 가장 기본적인 작업
- 스톡의 종류 : 스톡의 색, 재료 등에 따라 나눈다.(브라운 스톡 & 화이트 스톡)

② 농후제 (Thickener)

- 소스에 사용되는 농후제는 녹말이 젤라틴화되는 원리를 이용
- 농후제는 자신의 특성은 최소화하며, 소스 기본 재료의 특성을 최대화하는 재료가 가장 좋음
- 농후제의 종류 : Roux, 전분, 베르마니에, 리에종, 크림

루(Roux)	팬에 밀가루와 버터를 동량으로 볶은것
전분(Staracg)	옥수수, 감자, 타피오카 전분을 주로 이용 분리가 쉽고 식으면 품질이 저하되어 많이 사용하지 않음
베르마니에 (Beurre manie)	밀가루와 버터를 같은 비율로 섞어 반죽한 것
리에종(Liaison)	달걀 노른자에 생크림이나 우유를 풀어서 사용함

 부록

③ 가니쉬(Garnish)

- 소스의 맛과 향을 상승되게 하기 위해서 넣는 재료
- 가니쉬를 넣는 재료에 따라 소스의 이름이 바뀜

부케가르니(Bouquet garni)
- 일반적으로 통후추, 월계수 잎, 타임, 파슬리 줄기와 셀러리 또는 파를 의미한다.

미르포아(Mirepoix)
- 스톡이나 소스의 향기를 강화하기 위한 향미 채소(양파, 당근, 셀러리의 혼합물)이다.

1.5 소스의 분류

- 17세기 프랑스에서 차가운 소스 · 더운 소스로 구분
- 규정된 원칙이 없으므로 조리사의 창작, 취향에 따라 달라짐
- 일반적으로 색에 의한 분류, 용도별, 주재료 별로 분류함
- 색에 의한 분류 : 갈색, 황금색, 흰색, 적색, 노란색으로 분류
- 주재료별 분류 : 육수 소스군, 유지 소스군, 디저트 소스군 분류

색에 의한 분류			
소스 분류	모체 소스	파생 소스	응용 요리
갈색	Demiglace	Pepper Sauce	브라운 그레이비 소스를 곁들인 솔즈베리 스테이크
황금색	Allemande Sauce	Ravigote	알망드 소스를 곁들인 닭다리 요리
	Supreme Sauce	Ivory	슈프림 소스를 곁들인 치킨 알라킹
	Vin Blanc Sauce	Normand	백포도주 소스를 곁들인 광어 요리
흰색	Bechamel Sauce	Mornay Galic coulis	베샤멜 소스를 곁들인 솔 모르네
적색	Tomato Sauce	Italian meat Pizza Sauce	토마토 소스를 곁들인 해산물 스파게티
노란색	Hollandise Sauce	Bearnaise	파슬리 홀랜다이즈 소스를 곁들인 생선 요리

주재료에 의한 분류-육수 소스군(8계 12모체 소스)				
소스분류	주재료	주 기본소스	모체소스	응용 소스
갈색 육수계	갈색 송아지 육수		혼드보/에스파뇰	샤또브리앙, 마데이라, 콜베르, 비가라드, 포토와인, 징가라, 헌터, 페리고, 페리고르딩, 데미글라스
흰색 육수계	흰색 송아지 육수	송아지 벨루테	알망데 소스	오로라, 홀스레디쉬, 버섯, 폴레테
	생선 육수	생선 벨루테	백포도주 소스	베르시, 카디날, 노르망디
	닭 육수	치킨 벨루테	슈프림 소스	아이보리, 아부페리, 헝가리안
토마토계	토마토 육수		토마토 소스	프로방살, 볼로네이즈 피자, 나폴리타인, 미트 소스
우유계	우유/루		베샤멜 소스	이탈리안 미트 피자 소스

주재료에 의한 분류-유지 소스군			
소스 분류	주재료	모체소스	응용 소스
오일계	달걀 노른자/오일	마요네즈	다우전아일랜드, 타르타르, 아이올리, 티롤리엔트, 무슬린
오일계	식초/오일	비네그레트	프렌치 베네그래트, 이탈리안 베네그레트
버터계	버터/달걀 노른자	홀란다이즈	베어네이즈, 초오른, 포요트, 말타아즈
버터계	버터	베흐 블랑, 버터 소스	브레통, 그린버터

주재료에 의한 분류-설탕 소스군			
소스 분류	주재료	모체 소스	응용 소스
크림계	크림, 설탕, 달걀노른자	앙글레이즈	사바용, 바닐라
과일계	과일, 리큐르	꾸울리 소스	사과, 복숭아, 키위, 딸기, 메론

2강 소스에 쓰이는 식재료

2.1 소스에 사용하는 주요 식재료

① 밀가루(Flour)

- 넓은 영역의 밀가루는 농도를 진하게 하는 요소들이 있다. 한 소스에 사용되는 밀가루의 선택이 사용될 조리 방법뿐만 아니라, 완성된 소스의 최후의 텍스쳐와 맛을 결정시켜주기 때문에 적절한 제품을 고르는 것이 중요하다.

(1) 중력 밀가루 - 다목적용 밀가루(중력분)는 루(roux)를 베이스로 한 소스나 그래비 등을 만들기 위한 밀가루다.
(2) 강력 밀가루 - (효모를 넣지 않아도) 저절로 부풀어 오르는 강력하고 부드러운 밀가루는 소스를 위한 것이 아닌 특정한 베이킹의 용도로 만들어진 밀가루이다.

② 전분(Starch)

(1) 옥수수 전분 - 곱게 가루로 빻은 옥수수 가루는 글루텐이 없다. 가볍고 부드러운 텍스쳐를 갖고, 매끈매끈함을 만들어준다.

(2) 감자 전분 - 감자 가루는 순순한 감자의 전분으로 만들어진다. 이것은 매우 미세하고 부드럽고 밝은 흰색이다. 소스를 만들 때 밀가루를 넣지 않아도(영향 없이도) 가볍고, 선명하게 농도를 진하게 해준다.

(3) 타피오카 전분 - 이것은 옥수수가루와 마찬가지로 블렌딩 방법에 의해 소스를 만들고, 색깔이나 맛의 아무 변화 없이 달콤하고 또는 맛 좋은 소스에 매우 부드럽고, 선명하고, 투명한 형태를 주는 것으로 사용되어진다.

③ 유지(Fats)

- 유지는 소스를 맛 좋게 하고 텍스쳐와 풍미는 개선시켜준다. 그들은 보통 버터나 마가린, 오일 같은 노란색의 유지로 소스에 사용된다.

(1) 지방 - 포화지방은 실내온도(20℃ 정도)에서 고체 형태이고, 그것들은 혈액의 콜레스테롤 수치를 높일 수가 있다.

(2) 버터 - 크림을 교반하여 만드는 천연 제품인 버터는 80%의 포화지방 함량을 가지고 있다. 버터는 짜지 않은(염분이 없는 무염버터) 것과 젖산의 두 기본 형태가 있다.

(3) 마가린 - 식물성 기름과 동물성 기름을 혼합하여 만들어진 부드러운 마가린은 부드럽고 잘 펴서 바를 수 있는 텍스처를 가지고 있다.

(4) 오일 - 오일들은 실내온도에서 액체로 있는 유지이고, 마요네즈나 식초나 감귤류 주스 같은 다른 신맛나는 것으로 만드는 샐러드드레싱 같은 유화 소스에 사용된다.

(5) 땅콩오일 - 땅콩에서 만들어지고, 이것은 순한 맛이 요구되는 곳에 사용된다.

(6) 참기름 - 동양의 고소한 참기름 오일로 주로 조리 마지막에 첨가하여 소스의 향을 이용하는 것으로 이용되며 특정은 강하면서, 향이 풍부하지만 열을 가하면 쉽게 향이 타버린다.

(7) 콩기름 - 높은 열에 잘 견디는 순한 맛의 기름으로, 이것은 보관이 용이하고 사용하는데 경제적이다.

(8) 해바라기유 - 콩기름 보다 약간 비싼 편이며, 변하기 쉽고, 가벼운(light) 맛의 오일로써 소스나 드레싱에 사용하면 좋고, 다른 맛에 의해 가려지지 않는다.

(9) 견과류 오일 - 호두와 헤이즐넛 오일들이 드레싱에 풍미를 주고 독특한 맛을 샐러드에 주는 견과류 오일로는 가장 흔히 사용된다.

(10) 올리브 오일 - 올리브 오일의 특징과 본질은 재배 지역, 그리고 제조 방법에 의해 좌우된다.

(11) 엑스트라 버진 올리브 오일 - 이 오일들은 문자 그대로, 어떤 부가적인 열이나 블렌딩(혼합) 없이 올리브에서 처음으로 짠 것으로 만든 것이다.

(12) 버진 올리브 오일- 이것은 저온에서 짜지고 정제되지 않았지만, 최대 수치가 1~1.5%인 엑스트라 버진 오일보다 더 높은 산도를 가지고 있다.

(13) 퓨어 올리브 오일 - 이것은 올리브로부터 세 번째 또는 네 번째에 짜서 나오는 오일이고, 보통 혼합되어 쓰여진다. 이것은 최대 산도 수치가 2%이다. 이것은 강력하지 않기 때문에, 가장 널리 쓰인다.

④ 토마토 퓨레

- 이것은 단단한 토마토의 과육과 진한 페이스트를 조리하여 농축시킨 것이고, 주로 튜브형태나 캔으로 팔린다.

⑤ 매운 고추 소스

- 서부 인도와 남아메리카 조리에서 널리 쓰여진 것으로써, 고추소스에는 여러 종류들이 있고, 그중에 가장 유명한 것은 타바스코이다.

⑥ 겨자 소스

- 머스타드 소스는 밀가루, 소금, 약간의 와인, 허브, 다른 향신료 등등과 함께 겨자 씨 가루를 섞어 만든 것이다. 디존(Dijon)은 식초(비네그렛)나 마요네즈 같은 드레싱들이나 클래식한 프랑스 소스를 만드는데 자주 사용한다.

⑦ 페스토 (생소스)

- 가공회사에서 상업적으로 만든 페스토는 병으로 팔리고, 심지어 전통적인 바질 페스토나 선드라이드 토마토로 만든 빨간 페스토도 같은 방식으로 판다. 약간의 신선한 파마산 치즈 가루와 올리브 오일을 추가로 약간 뿌려주는 것으로 알려져 있다.

⑧ 우스터 소스

- 이것은 클래식한 영국 소스로 인도에서 기원되었다. 이것의 맵고, 향기로운(달은) 맛은 자극을 주는 소스, 마리네이드나 어느 타입의 드레싱에서든지 잘 어울린다.

⑨ 식초

- 식초는 맥아, 와인, 맥주, 시더, 쌀로 만든 와인 등등의 알코올성의 베이스와 설탕에서 만들어지는데 이들 대부분은 소스의 맛을 강화시키거나 유화시키는데 사용되어질 수 있다.

⑩ 코코넛 우유

- 이것은 캔이나 며칠 보존할 수 있는 팩으로 이용 가능하다. 단순크림(single cream)의 농도와 비슷하다.

⑪ 코코넛 크림
- 이것은 더블 크림(double cream)의 농도와 비슷하다. 크림화된 코코넛은 고체이고 흰색이다. 즉, 이것은 고체의 덩어리로 팔리고, 당신은 소스에 넣어 녹일 필요한 양만큼 잘라 쓸 수 있다.

⑫ 유제품
(1) 우유 - 소스의 우유 선택은 원하는 진함에 따라 달라진다. 진한 맛과 크리미한 텍스쳐를 위해서는, 전지우유 또는 채널 아일랜드(Channel Islands) 우유를 선택하고, 하지만 당신이 지방 함유량의 주시하고 좀 더 가벼운 소스를 찾는다면, 무지방(탈지유) 또는 저지방 우유를 사용하는 것이 제일 좋다.

* 우유의 지방 함량
- 채널 아일랜드(Channel Island 또는 아침 우유): 5-8퍼센트의 지방
- 홀 우유(전유): 4퍼센트의 지방
- 저지방 우유: 1.7퍼센트의 지방
- 무지방(탈지유) 우유: 0.1퍼센트의 지방

(2) 크림 - 모든 종류의 크림들은 달콤하고 풍미 좋은 소스, 뜨겁고 차가운 것에 풍부하게 하고 진하게 하는데 사용될 수 있다.

- 싱글 크림 : 이 크림은 거품을 만들기에 너무 낮은 18%의 지방 함유량을 가지고 있다. 그것은 분리 없이 끓는 것을 버틸 수는 없으나, 맛을 진하게 하기 위해 조리 끝부분에 소스에 넣어 섞어줄 수 있다.
- 사워 크림 : 사실 이것은 정말 맛을 강하게 하고 텍스쳐를 진하게 하는 신맛의 배양균을 더한 싱글 크림이다.
- 더블 크림 : 더블 크림의 지방 함량은 48퍼센트이다. 이 크림은 거품을 만들 때 부피가 거의 두 배이다. 이것은 특히 뜨거운 소스에 좋다. 왜냐하면 분리 없이 끓는 상태

에서 견딜 수 있기 때문이다.
- 휘핑 크림 : 이것은 35%의 지방 함량을 가지고 있고, 가벼운 텍스쳐를 가지고 있는 거품이 만들어지고 또는 조리한 후에 소스에 섞어질 수 있다.
- 생크림 (Creme Fraiche) : 이것은 순하고 자극적인 맛을 가진 것으로 사워 크림과 비슷하고 달콤하고 맛이 있는 소스나 드레싱에 둘 다에 사용하면 훌륭하다.

⑬ 계란
- 기본적으로 계란은 노른자와 흰자를 구분하여 소스에 많이 사용된다. 노른자는 감칠맛과 맛이 좋은 느낌을 주기 때문에 베어네이즈, 마요네즈, 아이보리 소스 등에 사용된다.

⑭ 치즈

- 많은 경질의 치즈는 소스에서 갈거나 녹여 사용된다. 숙성된 체다·그뤼에르와 파마산 같은 강한 경질의 치즈는 쉽게 갈아지고 뜨거운 소스에 녹는다.

⑮ 허브와 향신료

- 많은 소스의 조리법에서는 맛과 색을 더하기 위해 허브와 향신료들을 요구하고, 큰 슈퍼마켓 같은 곳에서 요즘에는 살 수 있는 종류들이 많다. 일반적으로 말해서, 허브는 맛을 기준했을 때 맵지 않은 것을 말하고 형태로는 먹을 수 있는 잎들과 줄기이고, 향신료는 매운 것을 말하며 형태는 씨, 나무껍질과 뿌리 등을 말한다.

(1) 신선한 허브 - 신선한 허브를 조리에 사용하기 위해서는 약간의 준비과정이 필요하다. 하지만 그 준비과정이 지나치게 복잡하거나 어려운 것은 아니다. 단지, 허브들이 해를 입지 않도록 해야 한다.

(2) 건조된 허브 - 어떤 허브도 신선한 허브와 건조된 허브를 비교하기는 불가능하다. 당연히 신선한 허브가 향, 맛, 색감의 면에서 월등하게 뛰어나기 때문이다. 하지만 손 가까운 곳에 두고 저장하여 허브를 사용하려고 한다면, 건조된 허브를 사용하는 것도 한 방법이다.

(3) 시나몬 스틱 - 시나몬은 달콤·매콤한 맛을 가지고 달콤한 소스나 쳐트니에 널리 쓰인다. 그들은 심지어 으깨어지거나 또는 통째로 사용될 수 있고 조리의 마지막 단계에서는 제거해준다(우리말로 계피라고 한다).

(4) 코리엔더 - 이런 씨들은 쳐트니에 사용되고 순한 달콤한 맛을 가지고 있다(일명 고수라고 칭한다).

(5) 큐민 - 쳐트니와 커리에 중요한 재료이고 이런 씨들은 강하고 약간의 쓴맛을 가지고 있다(커리의 노란색을 내는 중요한 향신료).

(6) 커리 페이스트 - 이것은 다양한 강도와 맛으로 팔린다. 커리 파우더 보다 훨씬 오래 보관 가능하다.

(7) 바닐라 스틱 - 이런 건조시킨 각지들은 달콤한 소스와 커스타드의 우유 또는 크림에 우러난다. 바닐라 설탕을 만들기 위해 백설탕이 든 병에 보관한다.

(8) 너트메그 - 막 갈은 통 너트메그는 향을 빨리 잃는 파우더 종류들 보다 훨씬 좋다(일명 한약에서는 육두구라고 칭하고 채소 스프나 감자 요리에 많이 이용된다).

⑯ 소금

- 소금은 소스에서 후추와 함께 마무리하는 재료로 소스의 맛을 결정내는 것이므로 중요하다. 찬 소스나 더운 소스를 불문하고 진한 맛이나 약한 맛을 조정하는 역할을 한다.

⑰ 후추

- 후추는 소금과 같이 모든 재료에 쓰이는 마무리 향신료이다. 특히 고기 요리에 주로 쓰인다.

⑱ 설탕

- 요리용 소스에 설탕을 사용하는 것은 소스의 감칠맛을 주기 위해서다. 채소 볶을 때도 약간의 설탕이 첨가되면 자연스런 맛이 난다. 비 가열 소스에는 설탕보다는 시럽, 꿀, 엿 등을 사용하는 것이 좋다.

⑲ 포도주

- 적포도주는 소스 만들 때 가장 많이 사용하는 포도주이다. 미르푸와를 데글라세할 때는 꼭 사용한다. 적포도주를 넣으면 알콜이 없어지고 적포도주의 포도즙의 맛이 농축되어 소스의 맛이 좋아진다. 포도주를 졸이면 알코올은 날아가고 소스에 다양한 풍미를 갖게 하고 또 주재료에서 나는 냄새를 제거하는 역할을 하는 것을 기억해야 한다.

실습

3강 기초 소스

3.1 루(Roux)

 재료

밀가루(Flour), 버터(Butter)

 도구

소스 팬 또는 프라이팬, 나무 주걱, 가스스토브

✓ **유의사항**

- 루를 만드는 과정에 불이 너무 세서 밀가루가 타지 않게 해야 한다.
- 루를 이용하여 소스나 스프의 향미를 높일 수 있다.
- 사용 방법이 서툴면 지나친 밀가루 덩어리를 만들어 소스를 망칠 수 있다.

<루 재료>

재료명	규격	수량	단위	비고
밀가루(Flour)		30	g	
무염버터(Bitter)		30	g	

만드는 법

1. 냄비에 버터를 넣고 색이 나지 않게 천천히 녹인다.
2. 밀가루는 체에 쳐서 녹인 버터를 첨가한다.
3. 나무주걱이나 거품기로 버터와 밀가루가 색이나 덩어리가 생기지 않도록 거품기로 젓는다.
4. 수분을 증발시키고 색이 흰색(화이트루)이면 4분 볶고, 색이 노란색(블론드 루)이면 6분 정도, 갈색(브라운 루)이면 7분 정도 약한불에 볶으면 된다.

※ 모든 육수를 여기에 풀어서 사용하면 벨루테 소스가 된다.
※ 흰색루는 흰색 소스, 황금색은 소스·스프, 갈색 루는 갈색 소스에 사용된다.

3.2 부케가르니(Bouquet Garni)

개요

프랑스어로 '잘 꾸며진 꽃다발'

재료

통후추, 월계수 잎, 타임, 파슬리 줄기, 마늘

유의사항

- 갈거나 다져서 사용하기 보다는 스톡을 오랫동안 조리하면서 이것들의 향을 추출하기 위하여 통째로 사용한다.
- 대용량으로 조리 시에는 스테인다시통으로 사용하기도 한다.
- 고객에게 서빙하기 전 꼭 제거하고 서빙이 되어야 한다.

3-3 미르프아(Mirepoix)

 재료

양파, 당근, 셀러리(향미 채소)

 사용방법

통상적으로 50%의 양파, 25%의 당근, 25%의 셀러리 비율로 사용한다.
미르포아는 먹지 않기 때문에 양파를 제외한 나머지의 껍질을 깔 필요는 없지만, 셀러리와 당근의 세척은 깨끗하게 해야 한다.

유의사항

- 크기는 스톡의 조리시간에 비례해서 짧은 시간은 작게, 긴 시간은 크게 만들어야 한다.
- 조리시간이 짧을수록 다이스하거나 슬라이스해야 한다.

4강 기초 육수

뼈를 넣어 만들면 스톡(Stock)이라고 하고 뼈 없는 것은 부이용(Bouillon)이라고 한다. 색으로 구분할 때는 흰색과 갈색으로 나눈다. 육수는 원래 네발 달린 짐승의 국물을 말한다. 하지만 외국에서는 생선, 닭의 국물을 모두 stock(영) 또는 fond(불)로 쓰고 있다. 요즘은 우리나라도 모든 육수 국물을 육수라는 단어로 사용하고 있다. 결론적으로 육수는 주재료에 향미 채소, 향신료, 물을 넣고 끓여 만든 것이 육수이다.

4.1 화이트 스톡

재료

닭 뼈(Chicken bone), 셀러리(Celery), 양파(Onion), 무(Radish), 마늘(Garlic), 대파(Green onion), 소금(Salt), 후추(Black pepper), 부케가르니(Bouquet garni), 물

도구

칼(Knife), 도마(Cutting Board), 롱 스푼(Long spoon), 가스레인지(Stove), 스톡 냄비(Stock pot), 국자(Ladle)

유의사항

- 충분히 큰 스톡 냄비(stock pot)를 사용하여 스톡 조리 시 넘치지 않게 유의한다.
- 각 원료에 이물질이 혼입되지 않도록 주의한다.
- 작업장 및 사용기구의 위생 상태를 점검한다.

<화이트 스톡 재료>

재료명	규격	수량	단위	비고
닭(Whole Chicken)		1	kg	
양파(Onion)		100	g	
셀러리(Celery)		125	g	
무(Radish)		100	g	
마늘(Garlic)		20	g	
후추(black pepper)		5	g	
부케가르니(Bouquet Garni)		5	g	
물(Water)		5	L	
소금(Salt)		6	g	
대파(Green Onion)		5	g	

만드는 법

1. 닭고기는 흐르는 물에 핏물을 제거한다. (약 20분동안)
2. 닭 1kg와 물 3L를 같이 끓여 물이 끓은 상태에서 5분 뒤 물만 버려준다.
3. 그 다음 삶았던 닭과 물 6L, 부케가르니를 넣고 1시간 정도 끓여준다.
4. 1시간 뒤에 재료들을 크게 다이스해서 넣고 1시간을 더 끓여준다.
5. 그 다음 체에 걸러준 뒤 식혀서 사용한다.

※ 닭 뼈가 지니는 특이한 냄새와 거품 등을 제거하기 위하여 반드시 데쳐야 한다.

※ 소금간은 하지 않는 것을 기본으로 하지만, 많은 용출을 위해서 식초나 소금물 0.3% 첨가한다.

4.2 브라운 스톡

 재료

소뼈(Beef bone), 양파(Onion), 당근(Carrot), 셀러리(Celery), 통후추(Black whole pepper), 토마토(Tomato), 월계수 잎(Bay leaf), 정향(Clove), 식용유(Salad oil), 물

 도구

칼(Knife), 도마(Cutting Board), 로스팅용 팬(Roasting pan), 롱 스푼(Long spoon), 가스레인지(Stove), 오븐(Oven), 스톡 냄비(Stock pot), 국자(Ladle)

✓ 유의사항

- 충분히 큰 스톡 냄비(stock pot)를 사용하여 스톡 조리 시 넘치지 않게 유의한다.
- 가열된 오븐의 문을 열 때는 처음에 조금 열어서 열기를 빼준 후 내용물을 꺼낸다.

<브라운 스톡 재료>

재료명	규격	수량	단위	비고
소뼈(Beef bone)		1	kg	
물(Water)		300	L	
양파(Onion)		100	g	다이스
당근(Carrot)		100	g	다이스
부케가르니(Bouquet Garni)		1	개	
토마토(Tomato)		200	g	
소금(Salt)		1	pinch	
마늘(Garlic)		10	g	
식용유(Salad Oil)		50	ml	

 만드는 법

1. 적당한 크기의 로스팅 팬에 잘게 자른 뼈 등을 넣고 오븐에서(180℃, 30분) 골고루 색이 잘 나도록 굽는다.
2. 뼈를 끓이고 난 한시간 후에 넣는다. 당근, 양파를 넣고 10분 정도 같이 잘 볶아준다. 브라운 색이 나면 토마토 페이스트를 넣고 넉넉히 볶아준다. 토마토를 넣는다.
3. 스톡 팟에 뼈와 물 3L를 넣고 끓인다. 부케가르니를 넣는다.
4. 93도씨에서 1시간 끓으면 거품을 걷고 나머지 볶은 채소를 넣고 약한 불로 90분 끓인다.
5. 끓는 중간 거품을 잘 제거하며 적정 시간이 되면 우선 구멍이 큰 차이나 캡에 걸러준 뒤 고운 차이나 캡에 다시 거른다.
6. 잘 걸러진 육수는 위에 뜬 기름을 완전히 제거하고 빠르게 식혀 냉장 또는 냉동 보관한다.

※ 양이 많을 시, 재료를 가감해야 한다. 10% 정도 줄여도 좋다. 단, 늘릴 경우 퍼센트로 늘린다.
※ 뼈를 구울 시 절대 태우면 안되고, 굽기 전 1kg이면 구운 후엔 800g 정도 되는 걸 감안해야 한다.

4.3 피시 스톡

 재료

부케가르니(Bouquet garni), 화이트 와인(White wine), 생선 뼈(Fish bone), 양파(Onion), 당근(carrot), 파(Green onion), 버터(Butter), 마늘(Garlic), 버섯 줄기(Mushroom stem), 백후추(White pepper), 물(Water)

 도구

칼(Knife), 도마(Cutting Board), 가스레인지(Stove), 스톡 냄비(Stock pot), 국자(Ladle)

✓ 유의사항

- 충분히 큰 스톡 냄비(stock pot)를 사용하여 스톡 조리 시 넘치지 않게 유의한다.
- 각 원료에 이물질이 혼입되지 않도록 주의한다.
- 작업장 및 사용기구의 위생 상태를 점검한다.

<피시 스톡 재료>

재료명	규격	수량	단위	비고
화이트 와인(White wine)		0.5	L	
물(Water)		3.5	L	
생선뼈(Fish bone)		2.5	kg	
양파(Onion)		250	g	
당근(Carrot)		125	g	
부케가르니(bouquet Garni)		1	개	
파(Welsh onion)		50	g	
버터(Butter)		30	G	
버섯 줄기(Mushroom)		10	g	
마늘(Garlic)		5	g	
후추(Pepper)		5	g	

만드는 법

1. 흰살 생선 뼈는 흐르는 찬물에서 핏물 제거 후 깨끗하게 헹궈서 물기를 뺀다.
2. 냄비에 버터를 두르고 양파를 부드러워지게 볶은 뒤 생선 뼈를 같이 넣고 몇 분 동안 볶는다.
3. 화이트 와인을 넣고 졸인 뒤 찬물을 붓고 부케가르니와 버섯을 넣고 끓으면 약한 불로 20분에서 30분 정도 끓인다.
4. 끓는 중간에 거품을 잘 걷어주고 살짝 간을 한다.

5. 불을 끄기 몇 분전에 으깬 후추를 넣고 불을 끄고 절대 휘젓지 않으면서 고운 체에 천천히 거른다.
6. 맑게 걸러진 육수는 빠르게 식혀 냉장 또는 냉동에 보관한다.

※ 육수의 양이 많으면 시간을 늘려서 끓여주고 부케가르니(Bouquet Garni)의 크기도 조절함이 중요하다.
※ 쿠르 부용은 조리의 중간 단계에서 사용되거나, 신속히 식혀서 나중에 사용할 수 있도록 보관한다.

5강 데미그라스 소스

개요

- 갈색소스를 1/2를 줄인 것은 데미글라스 소스이고, 1/5로 줄이면 그라스비안드 (Glaze Viande)라고 하는 소스가 만들어 진다.
- 데미글라스 소스는 육류에 많이 이용된다. 양식 소스의 80%는 갈색 소스가 차지하는데 데미글라스 소스를 응용하여 다양한 파생 소스를 만들어 사용한다.

재료

브라운 스톡, 와인, 양파, 토마토 페이스트, 당근, 셀러리, 밀가루, 월계수 잎, 소금, 후추

도구

소스 포트, 칼, 도마, 와인스크류, 나무 주걱, 시누아 또는 소창

유의사항

- 가스레인지 화력 조작과 시간 조절을 적절하게 한다.
- 냉장, 냉동고 관리를 적절하게 한다.
- 파스타 조리 절차, 요구사항, 주의사항에 대해 이해해야 한다.
- 적정한 농도의 소스를 만드는 능력을 이해한다.
- 향신료의 향이 너무 강하여 육수의 맛을 버릴 수 있으므로 적당한 양을 사용해야 한다.

<데미그라스 소스 재료>

재료명	규격	수량	단위	비고
갈색 육수 (Brown Stock)		500	ml	
레드 와인 (Red Wine)		100	ml	
토마토 페이스트 (Tomato Paste)		30	g	
양파(Onion)		50	g	
당근(Carrot)		25	g	
셀러리(Celery)		25	g	
밀가루(Flour)		5	g	
월계수 잎(Bay Leaf)		2	ea	
마늘(Garlic)		1	ea	

만드는 법

1. 마늘은 슬라이스하고 양파, 당근, 셀러리는 가로, 세로 1cm 크기로 썰어 볶는다.
2. 토마토 페이스트를 넣어 함께 볶고, 밀가루와 적포도주를 넣는다.
3. 갈색 육수와 통후추, 월계수 잎을 넣어 1/2정도로 졸인다.
4. 고운 체에 걸러 식혀서 사용한다.

※ 소스 추출 시에는 고운 천으로 거르면 맑은 소스를 얻을 수 있다.
※ 사용 전 끓일 때는 센 불에서 끓이면 쓴맛이 날 수 있으므로 중불을 사용한다.

<데미그라스 소스 평가표>

학습 내용	평가 항목	성취 수준		
		상	중	하
소스 완성	- 소스의 품질이 떨어지지 않도록 적정 온도로 제공하는 능력 - 소스에 표막이 생성되지 않도록 유지하는 능력			
	- 마무리된 소스의 평가 능력 - 보다 적정량의 소스를 요리와 어우러지도록 제공하는 능력			

모체소스 : 데미글라스 소스(Demi-glace Sauce)

파생소스 : 리오네즈 소스(Lyonnaise Sauce), 양송이 소스(Button Mushroom Sauce), 비가라드 소스(Bigarade Sauce), 베르시 소스(Bercy Sauce), 샤토브리앙 소스(Chateaubriand Sauce), 부르기뇽 소스(Bourguignon Sauce), 마데이라 소스(Madeira Sauce)

응용요리 : 니스식 안심 스테이크(Beef Tournedos Saute a la Nicoise), 향료에 절여 구운 오리 다리와 가슴살 요리(Herb Marinated Duck Leg and Breast Bigarade Sauce)

6강 슈프림 소스

개요

- 슈프림 소스는 닭 육수와 루를 넣어 만드는 벨루테 소스 중 하나이다. 슈프림 소스를 이용한 파생 소스로는 아이보리 소스와 헝가리안 소스가 있다.
- 벨루테 소스에서는 소스에 더 불투명한 색을 주기 위해 우유를 스톡으로 대체하고, 진한 소스에서는 조리가 끝난 후에 크림을 더해서 진하게 해준다.

재료

닭고기 육수(Chicken Stock), 밀가루(Flour), 버터(Butter), 생크림(Fresh Cream)

도구

소스 포트, 칼, 도마, 와인 스크류, 나무 주걱, 시누아 또는 소창

유의사항

- ✔ 루의 볶는 정도에 대해 숙지한다.
- ✔ 루로서 농도를 맞출 때 응어리지지 않도록 유의해야 한다.
- ✔ 적정한 농도의 소스를 만드는 능력을 이해한다.

<슈프림 소스 재료>

재료명	규격	수량	단위	비고
닭고기 육수(Chicken Stock)		400	ml	
밀가루(Flour)		20	g	
버터(Butter)		20	g	
달걀노른자(Egg York)		1	ea	
레몬(Lemon)		01-08	ea	
우유(Milk)		100	ml	
소금(Salt), 후추(pepper)			약간	
월계수 잎(Bay Leaf)		2	ea	
마늘(Garlic)		1	ea	

벨루테 만드는 법

1. 냄비에 버터를 두르고 분량의 밀가루를 넣고 약간의 갈색(Brown Roux)이 나도록 볶아준다.
2. 차갑게 식힌 닭고기 육수를 약간만 남겨두고 1에 부어 루가 골고루 퍼지게 한다.
3. 열을 가하여 끓을 때까지 주걱으로 살살 저어 준다.
4. 소금과 후추로 밑간을 해두고 시누아 또는 소창에 걸러둔다.

슈프림 소스 만드는 법

1. 치킨 벨루테에 생크림을 넣어가며 풍미를 더한 다음 농도를 맞춘다.
2. 원하는 농도가 만들어지면 레몬 주스, 소금, 후추 등을 넣어 완성한다.

<벨루테 소스 평가표>

학습 내용	평가 항목	성취 수준		
		상	중	하
소스 완성	- 소스의 품질이 떨어지지 않도록 적정 온도로 제공하는 능력 - 소스에 표막이 생성되지 않도록 유지하는 능력			
	- 마무리된 소스의 평가 능력 - 보다 적정량의 소스를 요리와 어우러지도록 제공하는 능력			

모체소스 : 슈프림 소스(Supreme Sauce)

파생소스 : 아이보리 소스(Ivory Sauce), 헝가리안 소스(Hungarian Sauce)

응용요리 : 치킨 무슬린을 채워 스팀으로 익힌 닭가슴살 요리와 슈프림 소스(Steamed Chicken Breast Stuffed with Chicken Mousseline, Supreme Sauce), 서양 오얏과 사과를 속박이한 돼지 등심요리와 레드와인 슈프림 소스(Stuffed Porkloin with Plums and Apple Served with Red Wine Supreme Sauce)

7강 백포도주 소스

개요

이 소스는 생선 요리에 가장 많이 이용되는 생선 육수 모체 소스이다. 가장 중요한 것은 생선 육수를 어떻게 만드는지에 따라 소스의 맛이 달라진다는 것이다.

재료

생선 육수, 양송이, 월계수 잎, 백포도주, 루, 파슬리, 생크림, 소금, 후추.

도구

가스스토브, 거품기, 소스 포트, 칼, 도마, 나무 주걱, 시누아 또는 소창

유의사항

- 높은 온도로 끓이지 않는 소스이므로 조리 시 위생적으로 만들어야 한다.
- 맨손으로 버터를 만들면 위생적으로 위험에 노출되기 쉽다.
- 버터는 냉동 보관이 원칙이나, 이 소스를 만들기 위해서는 해동이 필요하다. 지나친 해동은 버터의 변질을 초래할 수 있으므로 해동 후 3일 이내에 소비해야 한다

<백포도주 소스 재료>

재료명	규격	수량	단위	비고
생선 육수(Fish Stock)		1	L	
양송이(Mushroom)		100	g	
월계수 잎(Bay Leaf)		3	g	
백포도주(White Wine)		120	ml	
루(Roux)		20	g	
파슬리(Parsley)		10	g	
생크림(Heavy Cream)		300	ml	
소금(Salt), 후추(pepper)			약간	
마늘(Garlic)		1	ea	

만드는 법

1. 생선 육수에 술과 양송이 기둥, 파슬리 줄기와 월계수 잎을 넣어 1/3 정도 은근히 졸인다.
2. 졸인 후 생크림을 넣고 끓인다.
3. 생크림의 온도가 너무 차가우면 분리될 가능성이 높다.
4. 생크림을 넣고 끓일 때 생크림이 끓어 넘치면 소스의 맛도 떨어지고 농도가 맞지 않는다.
5. 생크림을 넣고 10분 정도 끓인 후 소금, 후추, 루 등으로 농도를 맞춘 뒤 체에 한번 거른 다음 식혀서 사용한다.

※ 백포도주 소스를 만들 때 크림을 졸여 넣는데 졸이지 않고 넣으면 분리되는 경우가 있다.

※ 농도를 맞춘 다음에는 오래 끓이면 안 된다.

<백포도주 소스 평가표>

학습 내용	평가 항목	성취 수준		
		상	중	하
소스 완성	- 소스의 품질이 떨어지지 않도록 적정 온도로 제공하는 능력 - 소스에 표막이 생성되지 않도록 유지하는 능력			
	- 마무리된 소스의 평가 능력 - 보다 적정량의 소스를 요리와 어우러지도록 제공하는 능력			

모체소스 : 화이트와인 소스(White Wine Sauce)

파생소스 : 낭투아 소스(Nantua Sauce), 홍합 소스(Mussel Sauce),
굴 소스(Oyster Sauce), 새프런 소스(Saffron Sauce),
두글레르 소스(Duglere Sauce), 베르시 소스(Bercy Sauce),
노일리 소스(Noilly Sauce), 노르망디 소스(Normand Sauce)

응용요리: 베이컨을 감은 연어구이(Roasted Fillet of Salmon with Smoked Bacon),
치즈와 허브 크러스트를 올린 농어구이와 화이트 와인 소스 (Cheese Seabass and White Wine Sauce)

8강 토마토 소스

개요

- 서양 대표적인 5가지 모체 소스 중 적색의 소스인 토마토 소스는 다른 모체 소스들과 달리 농도 조절이 가능한 육수 소스군 소스이다.
- 토마토 소스는 루가 들어간 프랑스식과 루가 안 들어간 이탈리아식이 존재한다.
- 토마토 소스는 서양요리에서 갈색 소스 다음으로 많이 활용될 정도로 사용빈도가 높은 기본적인 소스 중의 하나로서 이탈리아 요리에 널리 사용되는 소스이다.

재료

토마토(Tomato)

도구

소스 포트, 칼, 도마, 와인 스크류, 나무 주걱, 시누아 또는 소창

유의사항

- 끓고 나면 가스레인지 화력 조작을 최대한 약하게 해주어야 한다.
- 완전히 식은 다음 냉장, 냉동고에 적절하게 보관해야 한다.
- 채소나 재료를 볶는 과정에 탄내가 나지 않게 주의해야 한다.
- 토마토 소스는 끓이다가 튀는 경우가 많으므로 화상에 특별히 주의해야 한다.
- 향신료의 향이 너무 강하여 육수의 맛을 버릴 수 있으므로 적당한 양을 사용해야 한다.

<토마토 소스 재료>

재료명	규격	수량	단위	비고
토마토(Tomato)		1	kg	
양파(Onion)		50	g	
토마토 페이스트(Tomato Paste)		50	g	
마늘(Garlic Chop)		10	g	
월계수 잎(Bay Leaf)		1	장	
버터(Butter)		10	g	
흰 후추가루(White Pepper)			약간	
소금(Salt)			약간	

토마토 페이스트 만드는 법

1. 포트에 끓는 물을 준비하여 꼭지를 칼집 낸 토마토를 넣고 데쳐 껍질을 제거한다.
2. 반으로 갈라 꼭 짜서 체에 밭쳐 씨를 제거하여 주스는 따로 준비한다.
3. 토마토 소스를 만들기 위해 양파와 마늘은 곱게 다져서 준비한다.

토마토 소스 만드는 법

1. 팬에 버터를 두르고 양파와 마늘을 넣고 볶는다.
2. 일정한 양의 토마토 페이스트를 넣고 신맛이 날아가도록 볶는다.
3. 끓기 시작하면 월계수 잎을 넣고 주방장 기호에 맞게 향신료를 첨가한다.
4. 수분이 어느 정도 제거되면 따로 준비해 둔 토마토 주스를 넣어가며 졸인다.

<토마토 소스 평가표>

학습 내용	평가 항목	성취 수준		
		상	중	하
소스 완성	- 소스의 품질이 떨어지지 않도록 적정 온도로 제공하는 능력 - 소스에 표막이 생성되지 않도록 유지하는 능력			
	- 마무리된 소스의 평가 능력 - 보다 적정량의 소스를 요리와 어우러지도록 제공하는 능력			

모체소스 : 토마토 소스(Tomato Sauce)

파생소스 : 라비고트 소스(Ravigot Sauce), 양송이 소스(Button Mushroom Sauce) 프로방실 소스(Provencale Sauce)

응용요리 : 표고버섯과 토마토 오일소스를 곁들인 돼지등심요리(Grilled Porkloin with Creamy Shiitake Mushrooms and Celeriac Mash, Tomato Oil Sauce) 토마토 소스를 곁들인 해산물 스파게티(Seafood Spaghetti with tomato Sauce)

9강 베샤멜 소스

개요

- 베샤멜 소스(Bechamelsauce)는 흰 소스의 대명사로 불리며 현대요리에는 절대적으로 빼놓을 수 없는 것으로 우유를 기초로 만든 육수 군에 속하는 크림 소스이다.
- Bechamel sauce는 루이 14세의 전속조리사 중의 한 명에 의해서 최초로 만들어졌다.
- 베샤멜 소스 200ml 기준 우유, 버터, 밀가루 10g씩 들어가는 것이 적당하다. (1:1:1:20)

재료

양파(Onion), 버터(Butter), 밀가루(Flour), 우유(Milk), 정향

도구

소스 포트, 칼, 도마, 와인 스크류, 나무 주걱, 시누아 또는 소창

유의사항

✓ 루를 볶을 때 타지 않도록 여유를 가지고 낮은 불로 익힌다.
✓ 완전히 식은 다음 냉장, 냉동고에 적절하게 보관해야 한다.
✓ 채소나 재료를 볶는 과정에 탄내가 나지 않게 주의해야 한다.

<베샤멜 소스 재료>

재료명	규격	수량	단위	비고
양파(Onion)		10	g	
버터(Butter)		10	g	
밀가루(Flour)		10	g	
우유(Milk)		200	g	
정향(Clove)		1	ea	
월계수 잎(Bay Leaf)		1	ea	
흰 후추가루(White Pepper)			약간	
소금(Salt)			약간	

루 만들기

1. 양파는 껍질을 벗기고 적당한 크기로 썰어 정향을 박아 고정한다. 정향을 건져 내기 쉽도록 양파에 고정한다.
2. 분량의 우유를 소스 팬에 붓고 위의 양파를 넣고 정향과 양파의 향이 우러나도록 20분가량 끓인다.
3. 팬에 버터를 두르고 열을 서서히 가하여 버터가 녹으면 밀가루를 넣고 약한 불로 은근하게 볶는다.

모체소스 : 베샤멜 소스(Bechamel Sauce)

파생소스 : 모르네이 소스(Mornay Sauce), 파슬리 크림소스(Parsley Cream) 수비즈 소스(Soubise Sauce), 대파 소스(Leek Sauce), 뉴버그 소스(Newburg Sauce), 프레페레 소스(Prefere Sauce)

응용요리 : 시금치와 리코타 치즈를 채운 베샤멜 소스의 닭가슴살 요리(Chicken Breast Stuffed with Spinach and Ricotta Cheese in Bechamel Sauce), 버섯 베샤멜 소스와 스파게티(Spaghetti with Mushroom Bechamel Sauce)

소스 만들기

1. 색이 약간 나면서 고소한 향이 나면 불에서 내리고 준비한 정향과 양파 향을 우려낸 우유를 조금씩 넣어가며 거품기로 풀어 저어 준다.
2. 거품기를 이용하여 저어 주어도 되나, 우유를 식혔다가 한꺼번에 사용하면 주걱으로 저어도 응어리가 지지 않는다.
3. 루가 우유에 적절히 풀어지면 소금과 후추를 간한 다음 시누아로 걸러내어 마무리 한다.

※ 베샤멜 소스의 맛은 밀가루를 얼마나 잘 볶느냐에 달려 있다. 따라서 밀가루를 많이 볶을수록 맛이 좋다.

<베샤멜 소스 평가표>

학습 내용	평가 항목	성취 수준		
		상	중	하
소스 완성	- 소스의 품질이 떨어지지 않도록 적정 온도로 제공하는 능력 - 소스에 표막이 생성되지 않도록 유지하는 능력			
	- 마무리된 소스의 평가 능력 - 보다 적정량의 소스를 요리와 어우러지도록 제공하는 능력			

10강 마요네즈 소스

개요

마요네즈에 사용되는 난황에는 영양소가 많아 완전식품으로 불리며, 유화성, 장기 보존성, 기포성, 응고성과 같은 특성을 갖고 있다. 마요네즈는 기본 형태로 사용되기도 하지만 5대 모체 소스 중 하나로서 다양한 소스 제조 시 배합비율과 부재료 첨가에 따라서 다양하게 활용될 수 있다.

재료

올리브오일, 노른자, 디종 머스타드, 화이트와인식초, 레몬즙, 소금, 후추

도구

믹싱볼, 소스 포트, 칼, 도마, 나무 주걱, 시누아 또는 소창. 믹서기, 가스스토브

유의사항

- 끓이지 않는 소스(드레싱)는 별다른 살균과정이 없으므로 조리 시 위생적으로 만들어야 한다.
- 찬 소스는 위생적으로 위험에 노출되기 쉽다.
- 믹서기에 손을 넣어서는 안 되며 반드시 본체와 분리한 후에 씻어야 한다.

<마요네즈 소스 재료>

재료명	규격	수량	단위	비고
올리브오일(Olive Oil)		50	ml	
노른자(Egg yolk)		0	개	
와인식초, 레몬즙(White wine vinegar)		3	ml	
디종 머스타드(Dijon Mustard)		20	g	
소금(Salt), 후추(pepper)		20	약간	

만드는 법

1. 볼에 계란 노른자, 레몬 주스, 머스타드, 소금과 후추를 넣고 계란 혼합물이 부드럽고 골고루 잘 섞일 때까지 휘저어 준다.
2. 한 손으로는 부어주고 나머지 한 손으로는 거품을 내면서, 다음 방울을 더하기 전에 오일 방울을 완전히 거품을 내주는 것을 확실히 해가며, 오일을 조금씩, 한 방울씩, 계속 더해준다.
3. 일단 진한 에멀젼이 형성이 되면, 부드럽고 가는 물줄기가 흘러내리는 상태가 된다. 이 상태가 되면 맛을 보고 간을 해준다.

※ 기름 넣는 속도와 젓는 속도가 같아야 한다.
※ 마요네즈는 계절에 따라 만드는 요령이 다르다.

<마요네즈 소스 평가표>

학습 내용	평가 항목	성취 수준		
		상	중	하
소스 완성	- 소스의 품질이 떨어지지 않도록 적정 온도로 제공하는 능력 - 소스에 표막이 생성되지 않도록 유지하는 능력			
	- 마무리된 소스의 평가 능력 - 보다 적정량의 소스를 요리와 어우러지도록 제공하는 능력			

모체소스 : 마요네즈 소스(Mayonnaise Sauce)

파생소스 : 사우전드 아일랜드 드레싱(Thousand Island Dressing), 타르타르 소스 (Tartar Sauce)

응용요리 : 크림치즈를 곁들인 훈제연어요리와 마요네즈 소스(Smoked Salmon with Cream Cheese and Mayonnaise Sauce), 크레이프에 싼 훈제연어 (Smoked Salmon Wrapped in Crepe)

11강 화이트 와인 비네그레트

 개요

- 드레싱은 샐러드에 곁들여 먹는 것으로, 소스(sause) 또는 비네그렛(vinaigrette)이라고도 한다. 드레싱이나 소스를 부를 때, 미국인들은 드레싱(Dressing), 유럽인들은 비네그렛(Vinaigrette)또는 소스(Sause)라고 부르는 것을 선호한다. 그러나 이러한 명칭과 관계없이 샐러드에 곁들여 먹는 것이라는 공통점이 있다.
- 와인과 기름의 비율은 3 : 1이 적당하다.

 재료

화이트 와인 비네가(White wine vinegar), 포도씨유(Grape fruits Oil) 1리터,
다진 양파(Chopped Onion), 디종 머스타드 (Dijon Mustard)

🍽 도구

소스 포트, 칼, 도마, 거품기, 믹서기, 믹싱볼

✅ **유의사항**

- 끓이지 않는 소스(드레싱)는 별다른 살균과정이 없으므로 조리 시 위생적으로 만들어야 한다.
- 찬 소스는 위생적으로 위험에 노출되기 쉽다.
- 믹서기에 손을 넣어서는 안 되며, 반드시 본체와 분리한 후에 씻어야 한다.

<화이트 와인 비네그레트 재료>

재료명	규격	수량	단위	비고
화이트 와인 비네가(White wine vinegar)		130	ml	
다진 양파(Chopper Onion)		50	g	
디종 머스타드(Dijon Mustard)		60	g	
포도씨유(Grape fruits Oil)		500	ml	
소금(Salt)		5	g	

모체소스 : 화이트 와인 비네가 드레싱(White Wine Vinegar)

파생소스 : 로크포르 치즈 드레싱(Roquefort Cheese Dressing), 파리지앵 드레싱(Parisian Dressing), 프렌치 과일 드레싱(French Fruit Dressing)

응용요리 : 레몬 드레싱을 곁들인 해산물 샐러드(Seafood Salad with Lemon Vinaigrette)

만드는 법

1. 양파는 껍질을 제거하고 곱게 다져서 준비한다. 믹서기를 활용한다면 적당히 슬라이스하여 사용할 수도 있다.
2. 먼저 믹싱볼에 겨자와 식초를 담고 여기에 다진 양파와 소금, 분량의 설탕을 넣고 믹서기에 넣어 잘 섞어준다.
3. 소금이 식초에 완전히 녹으면 포도씨유를 조금씩 따라주면 섞어준다.

※ 비네그레트(Vinaigrette)은 기본적으로 식초와 오일의 비율이 1:3이라고 이해하면 좋다. 하지만 식초의 산도가 다르고 내용물의 배합이 달라지면 1:2의 비율로 만들어질 수도 있다.
※ 소스를 만들 때 식초, 기름이 분리되면 안된다.

<화이트 와인 비네그레트 평가표>

학습 내용	평가 항목	성취 수준		
		상	중	하
소스 완성	- 소스의 품질이 떨어지지 않도록 적정 온도로 제공하는 능력 - 소스에 표막이 생성되지 않도록 유지하는 능력			
	- 마무리된 소스의 평가 능력 - 보다 적정량의 소스를 요리와 어우러지도록 제공하는 능력			

12강 뵈르블랑(화이트 버터 소스)

📋 개요

- 버터는 고대 초기 노르만 민족이 소, 암양, 염소, 낙타 등의 우유로 만든 것을 시초로 아리아인들이 신성한 음식으로 생각한 인도인에게 소개해 주었다.
- 버터 소스 중 뵈르블랑 소스는 부드럽고 따뜻한 버터 소스이다. 버터 소스의 농도가 제대로 나고 첨가한 향신료로부터 최대한의 맛을 내기 위해서는 약한 불에서 조리되어야 한다.

🧺 재료

화이트 와인(White wine), 식초(Vinegar), 버터(Butter)

🔔 도구

가스스토브, 거품기, 소스 포트, 칼, 도마, 나무 주걱, 시누아 또는 소창

✅ 유의사항

- 더운 소스에 너무 차가운 버터는 맛을 해칠 우려가 있으므로 주의해야 한다. 요즘은 버터를 넣고 핸드믹서로 빠른 시간 내 소스를 만든다.
- 버터는 냉동 보관이 원칙이나, 이 소스를 만들기 위해서는 해동이 필요하다. 지나친 해동은 버터의 변질을 초래할 수 있으므로 해동 후 3일 이내에 소비해야 한다.
- 버터가 차면 소스에 녹기가 어려워 소스 온도가 떨어져 맛이 떨어지고 버터가 녹았으면 버터가 분리되어 소스 맛을 버리게 된다.

<뵈르블랑 재료>

재료명	규격	수량	단위	비고
양파(Onion)		10	g	
식초(Vinegar)		10	ml	
화이트 와인(White wine)		20	ml	
월계수 잎(Bay Leaf)		1	ea	
통후추(Pepper Corn)		3	ea	
버터(Butter)		50	g	
생크림(Fresh Cream)		10	mk	
소금(Salt)			약간	
흰 후추가루(White Pepper)			약간	

재료 준비하는 법

1. 양파는 껍질을 벗기고 적당히 다져서 준비한다.
2. 팬에 양파를 넣고 화이트 와인과 식초를 2:1로 넣고 월계수 잎과 흰 통후추를 넣고 졸인다. 식혀서 냉장고에 넣어두고 보관하며 필요한 만큼 꺼내어 사용한다.

만드는 법

1. 팬에 준비2를 한 스푼 넣고 동물성 생크림을 약간 넣고 약간 졸인다. 생크림은 분리되기 쉬운 소스를 안정시키기 위한 방법으로, 원래의 레시피에는 넣지 않는 것이 기본이다.

2. 상온에 해동된 버터를 조금씩 섞어가며 소스 팬을 흔들어가며 열을 가해 원하는 농도의 소스를 만든다.
3. 절대로 끓어서는 안 되며 버터가 적당히 녹으면 레몬즙과 소금, 후추를 넣고 완성시킨다.
4. 고운천(소창)이나 시누아에 걸러서 사용한다.

※ 버터를 뜻하는 뵈르(Beaurre)와 하얀색을 뜻하는 블랑(Blanc)을 뜻하는 말로, 예전에는 버터 소스만으로 생선 소스를 만들어 이용하는 경우가 많았다. 하지만 지금은 여기에 유자청이나 오렌지 주스 졸인 것 등을 가미하여 쓰는 경우가 많다.

<뵈르블랑 평가표>

학습 내용	평가 항목	성취 수준		
		상	중	하
소스 완성	- 소스의 품질이 떨어지지 않도록 적정 온도로 제공하는 능력 - 소스에 표막이 생성되지 않도록 유지하는 능력			
	- 마무리된 소스의 평가 능력 - 보다 적정량의 소스를 요리와 어우러지도록 제공하는 능력			

모체소스 : 화이트 버터 소스(White Butter Sauce)

파생소스 : 브르타뉴 소스(Bretonne Sauce), 베르시 소스(Bercy Sauce), 레드와인 버터 소스(Red Wine Butter Sauce), 샴페인 소스(Champagne Sauce)

응용요리 : 버터 소스로 맛을 낸 왕새우구이(King Prawn and Ratatouille with Watercress and Butter Sauce), 파리 스타일 관자살구이 버터 소스(Sauteed Sea Scallops with Butter Sauce Parisienne)

13강 앙글레이즈 소스

개요

바닐라는 후식의 모든 디저트에 향신료 역할을 한다. 그리고 이 소스는 디저트 소스 어머니라고도 한다. 색이 화이트여서 데코레이션으로는 제격이다. 이 소스는 사용시 주의 사항은 향이 강해 다른 요리의 맛을 가려 버릴수도 있다.

재료

달걀노른자(Egg york), 설탕(Sugar) , 우유, 바닐라 시럽, 전분

도구

믹싱볼, 가스스토브, 거품기, 소스 포트, 나무 주걱, 시누아 또는 소창

유의사항

✓ 이 소스를 만들 때는 인내심을 가져야 한다. 달걀을 아주 천천히 익혀내야만 한다. 만약에 과열되면 스크램블 에그와 같이 익어버리고 만다.

<앙글레이즈 소스 재료>

재료명	규격	수량	단위	비고
달걀노른자(Egg york)		5	ea	
설탕(Sugar)		40	g	
우유(Milk)		300	ml	
바닐라 시럽(vanilla syrup)		3	ml	

 만드는 법

1. 바닐라 소스를 제조할 도구(믹싱 볼, 거품기, 시럽 끓이는 자루 냄비) 등을 미리 준비한다.
2. 설탕과 전분을 혼합한다.
3. 바닐라 시럽을 우유에 넣어 함께 끓여 준다.
4. 달걀 노른자에 설탕과 전분을 혼합한다.
5. 4에 데운 우유를 조금씩 나누어 혼합하여 다시 불 위에 올려 저어 가며 끓여 준다.
6. 소스의 농도는 스푼 뒷면을 손가락으로 갈라 보았을 때 모양을 유지할 정도까지 끓여준 후 체에 걸러 식혀 준다.

※ 바닐라 소스에 휘핑한 생크림을 넣어 다양하게 활용할 수 있다.
※ 단 소스를 원하지 않으면 설탕 양을 조절한다. (외국인 50g, 내국인 30g 선호)
※ 달걀을 사용한 크림은 쉽게 상하므로 보관에 주의하고, 제조 후 빠른 시간 이내에 사용해야 한다.

<앙글레이즈 소스 평가표>

학습 내용	평가 항목	성취 수준		
		상	중	하
소스 완성	- 소스의 품질이 떨어지지 않도록 적정 온도로 제공하는 능력 - 소스에 표막이 생성되지 않도록 유지하는 능력			
	- 마무리된 소스의 평가 능력 - 보다 적정량의 소스를 요리와 어우러지도록 제공하는 능력			

모체소스 : 앙글레즈 소스(Anglaise Sauce)

파생소스 : 바닐라 소스(Vanilla Sauce), 사바용 소스(Sabayon Sauce)

응용요리 : 바닐라 소스를 곁들인 아몬드 푸딩(Almond Pudding with Vanilla Sauce), 바닐라 소스를 곁들인 오렌지 수플레(Orange Souffle with Vanilla Sauce)

14강 곁들임 소스

14.1 바질 오일

재료

바질(Basil), 포도씨유(Grape Seed)

도구

믹서기, 소스 포트, 시누아, 고무 주걱, 나무 주걱 등

유의사항

- 끓이지 않는 소스(드레싱)는 별다른 살균과정이 없으므로 조리 시 위생적으로 만들어야 한다.
- 찬 소스는 위생적으로 위험에 노출되기 쉽다.
- 믹서기에 손을 넣어서는 안 되며 반드시 본체와 분리한 후에 씻어야 한다.

<바질 오일 재료>

재료명	규격	수량	단위	비고
바질(Basil)		150	g	
포도씨유(Grape Seed)		1,000	ml	

만드는 법

1. 바질은 줄기를 제거하고 물에 깨끗이 씻은 다음 수분을 최대한 제거한다.
2. 수분을 제거한 바질은 믹서기에 넣고 포도씨유를 조금씩 넣어가며 곱게 믹서에 간다.
3. 냄비에 1을 넣고 센 불로 가하여 끓으면 바로 불에서 내리고 믹서에 한 번 더 곱게 갈아서 소창에 걸러낸다.
4. 재빨리 냉각하여 색이 변하는 것을 방지한다.
5. 수분을 제거한 다음 접시에 향과 모양을 더하는 데 사용한다.

※ 오일을 튜브에 담아 뒤집어 두었다가 가라앉으면 수분을 짜내면 간편하다.
※ 좀 더 진한 초록색을 원한다면 이탈리아 파슬리 등을 조금 더 첨가하여 만들어내면 된다.

<바질 오일 평가표>

학습 내용	평가 항목	성취 수준		
		상	중	하
소스 완성	- 소스의 품질이 떨어지지 않도록 적정 온도로 제공하는 능력 - 소스에 표막이 생성되지 않도록 유지하는 능력			
	- 마무리된 소스의 평가 능력 - 보다 적정량의 소스를 요리와 어우러지도록 제공하는 능력			

14.2 그린 소스

개요

올리브유(Olive Oil), 파슬리(Parsley), 바질(Basil), 안초비(Anchovy)등

도구

믹서기, 믹싱볼

유의사항

- 끓이지 않는 곁들임 소스이므로 조리 시 위생적으로 만들어야 한다.
- 믹서기는 사용 후 반드시 본체와 분리한 후에 씻어야 한다.

<그린 소스 재료>

재료명	규격	수량	단위	비고
엑스트라 버진 올리브유 (Olive Oil)		100	ml	
파슬리(Parsley)		20	g	
바질(Basil)		5	g	
다진 마늘(Garlic Chop)		5	g	
케이퍼(Caper)		5	g	
오이피클 (pickled cucumber)		10	g	
화이트 와인 비네가 (White wine vinegar)		15	l	

안초비(Anchivy)		6	g	
흰 후추가루 (White Pepper)		1	g	
소금(Salt)		1	g	

🥣 만드는 법

1. 파슬리와 바질의 줄기는 제거하고 물에 깨끗이 씻은 후 수분을 제거하여 준비한다.
2. 올리브유를 제외한 모든 재료를 믹서기에 넣고 오일을 조금씩 부어가며 간다.
3. 곱게 잘 갈려서 진한 초록색을 띤 소스가 완성되면 튜브에 담아 사용한다.
4. 사용량이 적으면 냉동실에 조금씩 덜어두고 사용할 수도 있다.
5. 완성된 요리의 멋과 맛을 더하기 위해 사용한다.

※ 그린 소스는 이탈리아 소스로서 수육 같은 요리에 곁들이는 소스로 모양을 낼 때도 사용할 수 있다.

<그린 소스 평가표>

학습 내용	평가 항목	성취 수준		
		상	중	하
소스 완성	- 소스의 품질이 떨어지지 않도록 적정 온도로 제공하는 능력 - 소스에 표막이 생성되지 않도록 유지하는 능력			
	- 마무리된 소스의 평가 능력 - 보다 적정량의 소스를 요리와 어우러지도록 제공하는 능력			

14.3 올리브 페스토

 재료

올리브유(Olive Oil), 블랙 올리브(Black Olive), 바질(Basil), 안초비(Anchovy) 등

 도구

믹서기, 믹싱볼

 유의사항

- 끓이지 않는 곁들임 소스이므로 조리 시 위생적으로 만들어야 한다.
- 믹서기에 손을 넣어서는 안 되며 반드시 본체와 분리한 후에 씻어야 한다.

<올리브 페스토 재료>

재료명	규격	수량	단위	비고
엑스트라 버진 올리브유(Olive Oil)		600	ml	
블랙 올리브(Black Olive)		20	g	
다진 마늘(Garlic Chop)		20	g	
케이퍼(Caper)		15	g	
안초비(Anchivy)		30	g	
소금(Salt)		1	g	

만드는 법

1. 블랙 올리브는 캔으로 준비한 뒤 수분을 제거하여 준비한다.
2. 올리브유를 제외한 모든 재료를 믹서기에 넣고 오일을 조금씩 부어가며 믹서기에 간다.
3. 곱게 잘 갈려서 진한 색을 띤 소스가 완성되면 튜브에 담아 사용한다.
4. 사용량이 적으면 냉동실에 조금씩 덜어두고 사용할 수도 있다.
5. 완성된 요리의 멋과 맛을 더하기 위해 사용한다.

※ 블랙 올리브 페스토는 소스로서의 성격과 함께 디자인의 완성도를 높이기 위해서도 사용할 수 있다.

<올리브 페스토 평가표>

학습 내용	평가 항목	성취 수준		
		상	중	하
소스 완성	- 소스의 품질이 떨어지지 않도록 적정 온도로 제공하는 능력			
	- 소스에 표막이 생성되지 않도록 유지하는 능력 - 마무리된 소스의 평가 능력			
	- 보다 적정량의 소스를 요리와 어우러지도록 제공하는 능력			

🧑‍🍳 나의 소스 철학(최수근)

소스는 나에게 있어서 나의 인생 그 자체라고 말할 수 있다고 생각한다.

나무가 자라듯이 우리나라에 소스의 개념을 뿌리내리고 가지가 자라고 잎이 나듯이 파생 소스 정립 등의 소스의 대한 많은 것들을 조리사들에게 정립시키며 나의 인생을 보냈기 때문에 소스는 나의 동반자처럼 나와 함께 자란 나무처럼 느껴진다.

나는 1975년에 요리에 입문하여 조리에 대한 기초를 닦았으며 그 후 하얏트 호텔에서 3년간 근무하며 양식 조리에 대한 체계와 식문화를 폭넓게 이해할 수 있었고, 이 후 신라호텔에서는 프랑스 소스에 대한 기본과 맛의 세계의 질서와 조화의 미를 찾는 공부를 했다.

1983년에 프랑스 유학을 가서 이철종님을 통해서 요리에 대한 철학을 이해하고 프랑스 소스를 모체 소스와 파생 소스로 나누며 체계적으로 정리할 수 있었다.

그 후 경주대학교, 영남대학교, 경희대학교에서 소스를 연구하고자하는 제자들에게 소스 개발 경험을 바탕으로 본인이 만든 레서피가 최고라고 자부하며 지도했다.

평생을 소스와 함께 하면서 씨 뿌리는 마음으로 많은 셰프들에게 소스의 비밀을 전달하는데 노력하고 있다. 올해 한국 조리박물관 개관을 계기로 Ecole De MOCA에서 소스 전문가 과정을 통해 많은 사람들에게 소스에 대한 이해를 돕고자 실용적인 소스 조리법을 클래식 소스 책을 통해 소개하게 되었다.

마지막으로 내가 평소에 좋아하는 "훌륭한 요리는 진정한 행복의 시작이다"라는 에스코피에의 말로 마무리하고자 한다. 훌륭한 요리, 훌륭한 소스로 여러분의 진정한 행복의 시작이 열리길 바라며 글을 마친다.

저자 프로필

학력 사항
영남대학교 대학원 식품학 박사
경희호텔 경영전문대학 조리과 졸업
프랑스 le cordon blue 졸업
소스 이론과 실제, 소스 수첩, 고급 서양요리 외 다수의 논문이 있음.

경력 사항
하얏트, 신라호텔 근무
전) 한국조리학회장
전) 경희대학교 조리 서비스·경영학과 명예 교수
현) 한국조리박물관장, 음식평론가

🍲 나의 소스 철학 (장병동)

　소스는 접시 위의 모든 요소들을 하나로 엮어주며 맛의 문을 열어주는 열쇠와 같은 존재라고 생각한다.

　즉, 가니쉬(서론), 주재료(본론), 소스(결론)의 요리의 3대 구성 요소 중 그 요리를 아름답고 훌륭하게 마지막까지 돋보이게 하는 역할은 소스가 하는 것이다. 올바른 소스를 만드는 과정의 그 시작과 끝은 우리 인간이 찾는 삶의 가치와 많이 닮아 있다. 맑고 맛있는 육수를 만드는 과정에서부터 농축되고 농축됨을 거듭하며 기다려야하는 시간의 과정들을 인내하고 슬기롭게 견뎌내면 비로소 반짝거리는 흡족한 맛을 지닌 한 스푼의 소스를 얻어 낼 수 있는 것이 그러한 것이다.

　또, 육수나 소스를 만들 때면 그것을 만들기 위한 재료들이 어디서부터 왔는지를 존중하고 소중히 여겨서 오로지 좋은 맛을 낼 수 있게끔 안내하고 이끌어 가고자 노력을 기울인다.

　본인은 30년 가까이 요리를 하는 동안 10년 정도를 프랑스인 셰프들과 같이 일을 할 수 있었다. 그 중 7년의 시간을 국내에서 레스토랑과 프랑스 요리 교육 기관에서 그들과 일하면서 프랑스 현지에 있을 때보다 훨씬 더 많은 것을 배우고 느꼈다.

　그중에서도 가장 크게 느낀 부분은 요리를 하고 소스를 만들 때 하나같이 그들이 가지고 있었던 일관성 있게 프랑스에서 교육받은 내용과 잘 정리된 그들 안의 기초 지식들이었다.

　물론 그들에겐 자기 나라 음식이고 본인들이 태어나면서부터 먹던 음식이니 당연한 것이다. 하지만 일관성 있는 교육은 우리도 해야 하지 않을까? 어느 호텔 출신이고 어느 학교 출신이냐에 따라 육수 끓이는 방법과 소스 만드는 방법이 달라서 되겠는가? "이 소스를 만들 때에는 꼭 이 재료를 넣어야 한다"라고 하는 것 보다 "이 소스를 만드는 목적과 원리는 이것이며 특히 이 과정에서는 이 부분을 주의해서 만들어야 한다"라고 교육할 수 있는 그 날이 빨리 오기를 현직 셰프로서도 간절히 바라고 본인의 자리에서도 노력할 것을 약속한다.

　존경하는 최수근 교수님께서 후배들을 위해 씨 뿌리는 마음으로 소스 책을 쓰시고 소스 레시피를 나눠주시던 그 마음 이어받기를 바라는 마음과 함께 이 글을 맺는다.

저자 프로필

장병동

학력 사항
명지대학교 산업대학원
식품양생학 석사

경력 사항
전) 르 꼬르동블루 코리아 부총주방장
전) 몽마르뜨 서울 오너 쉐프
현) 에스코피에 인터네셔널 한국지부장
현) 플레이저 플레이스 센트럴호텔 총주방장

🍳 나의 소스 철학(송용욱)

    요리를 하면서 좋은 고기로 만든 스테이크는 소금만 찍어 맛을 음미해야한다고 말하시는 분들을 많이 보았다. 집에서 고기를 구워 먹거나 (우리나라에서 매우 보편화된) 고기 구이집에서 숯불이나 가스불에 마블링이 훌륭한 한우를 구워 소금이나 기름장에 찍어 먹으면서 고기맛에 익숙해진 분들은 그 신념이 매우 강해 레스토랑의 스테이크도 소금만 달라고 요청을 하고 주위의 사람들에게도 그것을 권유하는 경우가 많다.

    그런 입맛을 가지신 분들이 오시더라도 요리사들은 "그래, 소금이 고기 본연의 맛을 즐기기 좋아"라는 이유로 구운 고기에 소금만 뿌려 제공해서는 안된다는 것이 나의 개인적인 생각이다. 식재료의 신선도나 요리사의 스킬과 노력, 주방 시설, 식당의 분위기, 서비스 직원들의 친절함 등 다른 여러 가지 여건에 따라 고객들에게 전달되는 요리의 감동이 달라지겠지만 소스는 요리사들이 고객들에게 제공하는 선물이자 의무이며 요리의 캐릭터를 완성해주는 독창성의 정점이라 생각한다. 소스의 퀄리티를 말하는 것이 아니다. 최소한 소금보다 더 맛있는 소스를 제공하려는 요리사의 노력이 소스에 담겨지고, 그런 소스는 익숙하지 않으신 분들에게도 작은 감동을 줄 수 있다고 생각하면서 끊임없이 노력을 해야한다는 것이다. 자신의 음식을 맛보러 소중한 시간을 투자하고 소중한 사람들과 함께 자리한 고객들에게 최소한 그들이 생각하는 것 이상의 즐거움과 행복한 순간을 만들기 위해 노력을 하는 자세. 이것이 요리사들의 마음가짐이고 그것이 담겨져 만들어지는 것이 맛있는 소스 한 스푼이지 않을까?

    함께 요리하는 동료들을 비롯한 레스토랑의 모든 직원들에게 진심으로 감사하며

저자 프로필

학력 사항
프랑스 리옹 L'institut Paul Bocuse
요리학교 졸업

경력사항
르 꼬르동 블루 숙명 아카데미
Production Chef

벨기에 크녹 프렌치 레스토랑 Mer l'eau Chef
중국 천진 르네상스 호텔 Executive Sous Chef
프렌치 퓨전 비스트로 댕댕의 약속 Owner Chef
서울 드래곤시티 그랜드머큐어 호텔 Head Chef
현) 국제 에스코피에 협회 회원
현) 요리 대표팀 수라 멤버
현) 소노캄 고양호텔 Head Chef

🍳 나의 소스 철학(최동국)

내가 본 프랑스인들은 맛의 미식가이며 평론가들이다.

그들은 음식을 접할 때 우선 눈으로 즐기고 요리 작품에 관한 이야기를 나누며, 정갈히 놓인 포크를 들어 살짝 소스를 떠 맛을 보는 행동부터 시작한다. 소스는 그들에게 있어 요리의 첫 경험과도 같다. 이러한 행동들은 그들의 소스 문화가 몸에 배어 있는 자연스러운 행동들이라고 볼 수 있을 것이다.

에스코피에(Auguste Escoffier)는 "소스는 요리의 맛을 결정짓는 가장 중요한 요소이며, 프랑스 요리를 세계적으로 알리는데 가장 크게 이바지한 원동력"이라고 표현하였다. 또한, 흔히 사람들이 말하길 서양요리에서 소스의 역할이 70% 이상을 차지한다고들 한다. 그만큼 소스가 음식의 맛을 결정짓는 중요한 척도이며 기준점이 된다는 것이다. 본인도 이 점에 전적으로 동의하며 공감한다.

폴 보퀴즈, 알랭 듀카스, 피에르 가니에르 등 세계적인 유명한 쉐프들은 그들의 독창적인 소스를 개발하고 응용하여 그들만의 레시피를 가지고 있다. 수십 가지의 재료 본연의 맛을 시작으로 마무리는 소스와 함께 어울려 맛의 깊이를 더하여주는 그들만의 소스의 마력은 분명 요리를 경험하는 이들에게 황홀감을 안겨다 준다.

지난 10여 년간의 프랑스 유학 생활에서 많은 예술가를 만나고, 그들의 작품들을 맛볼 수 있는 시간은 나에게 매우 크나큰 행운들이었다. 또한, 소스를 전혀 다른 관점에서 바라볼 수 있게 만들어준 아주 의미 있는 시간이었다. 소스는 분명 우리가 알지 못하는 그 무엇인가의 힘을 가지고 있다. 앞으로 알 수 없는 이 소스의 힘에 대한 매력을 찾아 나가는 것이 나의 과제가 아닐까 생각해 본다.

저자 프로필

학력 사항
경기대학교
외식경영학 박사

경력사항
전) Restaurant Guy Lassausaie, Lyon, FRANCE.
전) Domaine de Clairefontaine, Chonas, FRANCE.
전) Hotel Le Royal de Lyon, Lyon, FRANCE.
현) 한국조리학회 학술이사
현) 에스코피에 인터네셔널 한국지부 회원
현) 수원과학대학교 교수

🧑‍🍳 나의 소스 철학(신경은)

나의 색깔은 무엇일까? 나는 생각해본다.

조리 공부를 처음 시작한 98년부터 나는 나의 색깔을 찾기 위해 부단히도 노력하고 공부하였다. 그러던 중 경희대학교 최수근 교수님을 지도 교수님으로 만나면서 나의 색깔을 조금씩 찾아가기 시작했다.

그것은 바로 한식 소스였다. 물론 지도 교수님을 통해 소스의 모체 국가인 프랑스 소스 즉, 서양 소스에 대해서도 깊이 공부할 수 있었다.

한식요리와 달리 서양요리에서 소스는 마치 요리의 주인공과도 같았다. 유동의 액체인 소스에 의해 요리의 전체적인 맛이 좋아질 수도 있고, 안 좋아질 수도 있다는 것에 놀라웠고, 플레이트 안에서 소스는 절대 빠질 수 없는 요소이다. 또한 같은 요리에도 다양한 소스를 접목하여 전혀 새로운 요리가 만들어지는 것을 보면 소스는 마치 마법과도 같이 요리에서 주인공의 역할을 하고 있다.

나는 한식요리에서도 이와 같이 소스를 다양하게 접목하고, 나만의 소스를 개발하고 싶은 목표를 가지고 있다. 물론 그러기 위해서 지금도 열심히 연구하고 있다.

소스는 이렇게 나에게 있어 나만의 색깔을 만들어 주었고, 언제나 공부하는 자세를 갖게 해주는 위대한 것이라 생각한다.

본인만의 색깔이 뚜렷해야 그 분야에 전문 셰프가 될 수 있다. 앞으로 요리를 전공하는 여러분들도 자신만의 색깔을 찾기 위해 노력해보았으면 한다.

저자 프로필

신경은

학력 사항
경희대학교 학부, 석사, 박사 졸업

경력 사항
전) 농촌진흥청 '한식소스(양념) 표준화' 연구
전) 극동대학교 호텔외식조리학과 교수
현) 한국음식평론가협회 이사
현) (사)한국조리학회 수석이사
현) 서영대학교 호텔외식조리과 교수

Classic Sauce

2021년 9월 24일 초판 1쇄 인쇄 | 2021년 9월 30일 초판 1쇄 발행

저자 최수근, 장병동, 송용욱, 최동국. 신경은 | **발행인** 장진혁 | **발행처** (주)형설이엠제이
주소 서울시 마포구 월드컵북로 402 KGIT 상암센터 1212호 | **전화** (070) 4896-6052~3
등록 제2014-000262호 | **홈페이지** www.emj.co.kr | **e-mail** emj@emj.co.kr
공급 형설출판사

정가 24,000원

ⓒ 2021 최수근, 장병동, 송용욱, 최동국. 신경은 All Rights Reserved.

ISBN 979-11-86320-15-0 93590

* 본서는 저자와의 협의에 따라 인지는 붙이지 않습니다.
* 이 책은 저작권법에 의해 보호를 받는 저작물이므로 동영상 제작 및 무단전재와 복제를 금합니다.

Écloe de M.O.C.A

Classic Sauce

Special recipe from a professional chef.